本专著为“山东省社会科学规划研究项目研究成果（项目批准号：23CYMJ11）”和“中共山东省委党校（山东行政学院）重大项目攻关创新”成果。

本著作获得山东省一流本科专业（舞蹈表演）建设经费资助

课程思政建设在舞蹈教学中的创新应用研究

孙琳芳◎著

中国纺织出版社有限公司

内 容 提 要

作为高校教育的重要组成部分，舞蹈课程不仅能培养学生顽强拼搏的奋斗精神，还能增强学生体质，锤炼意志。基于此，舞蹈教学与思政教育的融合将进一步强化舞蹈课程的育人功能。本书探讨了中职院校、高等师范院校、普通高校、体育院校的舞蹈课程思政建设问题，并以高等师范院校为例，探讨了舞蹈课程中课程思政建设的创新路径。本书适合舞蹈教师、教育者阅读。

图书在版编目（CIP）数据

课程思政建设在舞蹈教学中的创新应用研究 / 孙琳芳著．-- 北京：中国纺织出版社有限公司，2024.5

ISBN 978-7-5229-1774-0

Ⅰ．①课…　Ⅱ．①孙…　Ⅲ．①高等学校－思想政治教育－研究－中国　Ⅳ．①G641

中国国家版本馆 CIP 数据核字（2024）第 095844 号

责任编辑：于　泽　史　岩　　责任校对：寇晨晨
责任印制：储志伟

中国纺织出版社有限公司出版发行
地址：北京市朝阳区百子湾东里A407号楼　邮政编码：100124
销售电话：010—67004422　传真：010—87155801
http://www.c-textilep.com
中国纺织出版社天猫旗舰店
官方微博 http://weibo.com/2119887771
河北延风印务有限公司印刷　各地新华书店经销
2024年5月第1版第1次印刷
开本：710×1000　1/16　印张：11.5
字数：203千字　定价：99.90元

前言

课程思政作为一种科学先进的综合教育理念，是我国人才培养工作中的全新探索。如何理解课程思政教育理念，如何将其与专业课程相结合，从而探索出更科学、更自然的思想政治教育方式对于高校教师无疑是更高的要求和挑战。比如，高等师范院校（以下简称高师院校）舞蹈专业在专业建设之初便一贯为国家培养全面发展的高质量舞蹈教育人才，故而应将更多目光聚焦于师德培育这一层面。教师应在舞蹈专业课程中融入契合本专业的思想政治教育资源，让学生真正领悟舞蹈艺术的精神内核与文化价值，意识到舞蹈教育所应恪守的原则和底线以及教育者所肩负的职责与使命。高校是学生培育舞蹈专业技能、理解舞蹈专业知识文化、学习舞蹈表演方法的主阵地，更是学生塑造积极正确舞蹈艺术价值观、提升舞蹈艺术审美水准，培育高尚素养品德的重要场所。教师唯有敢于突破舞蹈教学壁垒，探索凝练舞蹈专业课堂中的思想政治教育元素，与显性思政课协同教学，方能实现高校舞蹈专业“全员、全程、全方位”育人格局的构建与完善，实现舞蹈艺术教育的“育人”价值与功能。

本文不仅就高师舞蹈专业课程进行了课程思政理念融合逻辑的探索，同时梳理了中职院校舞蹈课程思政教学现状，并分析了体育院校舞蹈教学中课程思政建设。就不同院校的舞蹈课程思政教学的共性问题而言，笔者呼吁教师在课程思政实施过程中，进一步优化评价维度，并构建完善契合高师舞蹈专业的思政资源库等。舞蹈专业的课程思政建设过程，本质上正是系列专业课程与课程思政理念相生相融的过程，其课程思政建设，从初心角度来说，高度契合了舞蹈专业教学理想，也有利于实现“五育”并举与“德艺协同”。笔者由衷坚信，因课程思政教育理念的加持，舞蹈专业将实现更加优质精良的发展，高师院校舞蹈专业也将在不远的未来，实现其专业建设最初的期冀与理想。

孙琳芳

2024 年 1 月

目录

第一章　绪论

第一节　研究的意义和价值

1.落实立德树人根本任务，推进舞蹈课程教学改革

课程思政作为高校人才培养课程体系建设的新命题，承担培养高素质人才的使命。教师应高效运用课堂教学渠道，做好自己的本职工作，种好责任田，使思政教育与各类课程同向前行，形成相互促进的协同效应。高等教育教学工作面临新的要求。2020 年，教育部印发了《高等学校课程思政建设指导纲要》(以下简称《纲要》)，明确指出根据不同高校、不同专业、不同课程的特点开展课程思政实践，为高等教育课程思政的落实提供指南。此外，2022 年，国家体育总局印发《拓展体育学科德育内容　提升体育课程思政建设质量》文件，提出体育课程思政与体育学科德育内容的有机融合。体育课程思政的育人效果直接关系到能否在体育课堂教学环节真正实现“体”育与“德”育的协同共振，能否在每一堂课中真正落实立德树人的根本任务。自此，课程思政成为高校各个学科领域思想政治教育工作的重点，引起了学术界的广泛关注和深入研究。因此，舞蹈课程作为体育类课程的重要部分，高校舞蹈课程思政建设需要提到一个新的高度，以全面提高人才培养能力为核心，实现舞蹈课程思政育人的更高水平。

2.开展舞蹈课程思政教学，突破课程思政教学困境

舞蹈课程思政作为学校教育的重要内容，是丰富高校体育育人功能的系

统工程，更是影响新时代舞蹈课程改革的战略工程。舞蹈一直是高校教育的重要科目，在舞蹈教学中融入符合高校教育的目标和要求，在提升学生身体素质的同时还能培养大学生健康的思想、品德和价值观。因此，高校研究舞蹈课程思政的实践具有重大意义。与此同时，高校教师可以结合舞蹈课程的专业特点推进课程思政建设，将课程思政元素巧妙地融入课堂教学全过程，帮助学生增强体质、增进健康、锤炼意志，培养学生团结协作、顽强拼搏的奋斗精神，实现课程育人。可见，高校舞蹈课对于培养德、智、体、美、劳全面发展的人才具有重要价值，是落实高校立德树人根本任务的重要途径。

有鉴于此，舞蹈课程思政发挥着独特的育人功能，是身体素养培养与思想政治教育协同共筑的关键性路径。然而，高校在推进舞蹈课程思政的实践过程中，可能会出现“理性德育”的问题，特别是出现重视舞蹈理论知识教育与技能知识教育而忽视舞蹈课程与思想政治教育之间的有机联系，导致舞蹈课程走入知识传授与价值引领割裂的困境，甚至将思政元素简单叠加或移植的标签化做法，这一现象归根结底反映出舞蹈课程育人意义的缺失。

另外，目前，有关高校舞蹈课程思政的研究关注焦点，主要集中在现状研究和指标体系构建，对于思政建设的现实困境探讨较少且较为宏观，难以在微观层面探寻突破路径。基于此，本研究力图分析困扰高校舞蹈课程思政建设的现实困境，并探讨突破路径，为高校舞蹈课程思政建设提供切实可行的思路。

3.凝练舞蹈课程思政元素，培育学生舞蹈素养

舞蹈作为一门技艺性特征突出的课程，能培养学生不怕困难、勇于奋斗、胜不骄、败不馁的精神。舞蹈课程作为实现课程思政教育的重要载体，是增强学生体质、健全学生人格、磨炼学生意志的课程。舞蹈课程思政蕴含着深刻的思想理念和崇高的精神内涵，其与体育课程思政促进人与社会全面发展的目标高度契合，起政治引领、道德示范、思想铸魂等作用，具有重大意义。

第一，凝练爱国主义思政元素，培养学生爱党、爱国思想。在体育舞蹈课程教学过程中，教师可以结合红色音乐使学生接受沉浸式思政教育，并通过让学生自己编排动作组合的方式培养其创新思维和能力；同时通过展示和比赛的方式，增强学生的表现力，培养学生的自信心，帮助学生了解相关历史，明确学生政治立场，使其保持政治认同，把思想政治教育的“养料”真正融入学生内心深处。

第二，凝练民族精神思政元素，深化学生政治意识。舞蹈课程思政有利于加强对学生的爱国主义、集体主义、社会主义、民族团结、国家主权、国家形象等意识的教育。因此，课程思政融入高校舞蹈课程，其背后蕴含的文化精神和理想信念，对培养社会主义接班人具有重要政治价值。

4.高校舞蹈教育课程思政建设符合时代发展的要求

（1）符合教育理念的转变

培养德、智、体、美、劳全面发展的优秀专业人才一直是高校教育的目标，但是之前的高校专业课程的培养方案并没有具体详细的思想政治教育目标，有的只是以“在课程中渗透德育”“以德育为首位”等相关词句进行简要概括，落实到教育过程中也未必能得到有效实施。基于对诸如此类问题的剖析与进一步研究，课程思政体现了教育理念的转变，要求对高校专业教育进行全方面的革新，大力推动思想政治教育融入专业教育的新教学模式，高校舞蹈专业教育也不例外。舞蹈作为一门艺术学科，其专业性、技术性远远大于高校中的一般学科，并且舞蹈教育的理念早期是以培养专业型舞蹈人才为主，虽然随着“素质教育”的逐步推展，教育理念与目标发生了转变，但要适应高等教育的深化改革以及社会形势的变化，仅靠目标的响应还不足以顺应时代对教育理念的要求。因此，高校舞蹈教育的课程思政要求涉及高校舞蹈教育教学的有关群体必须认识到舞蹈专业课程不单单是培养技术、审美、情感的艺术教育，其中蕴藏着对道德、素质、思想的培养，高校与教师要自觉承担舞蹈教育德育的使命，从而实现教育理念的正确转变。

（2）符合我国课程思政建设的需要

我国高等教育经过长期的历史积淀，目前已处于实现更高质量、更高层次的发展阶段。课程思政建设作为当前高等教育的应有之义和专业教育创新发展的内在需求，必须做到积极探索、尽快实行。课程思政建设要结合专业特点分类推进，换句话说，它是一种模式或者方式，并不是一套理论体系适用于高校的所有学科，要根据思政重点内容结合各专业课程的特点分类、分层地融入。因此，高校舞蹈教育为顺应高校教育改革需求，必须积极找寻舞蹈课程中融入思政教育的可能性，并逐步形成具体的工作思路。首先，顶层设计要具有系统性、科学性和可操作性，体现在教学中即教师要把对学生的思想政治培养作为舞蹈课程教学的首要目标，并将其与专业发展教育融合起来；其次，教育教学中不要盲目、机械地进行改革，要遵循实事求是原则，即教学内容必须存在且合理；遵循创新原则，即在固定教学内容的基础上进行思政知识点的融合，达到二者同行的效果。总的来说，课程思政建设是国家对高校教育的明确要求，最终目标是培养出能够适应时代发展的高素质人才。舞蹈作为艺术教育要彻底转变大众所认为的“学舞蹈就只会跳舞”现象，在提升自身教育价值的同时为高校课程思政建设做出表率、贡献力量。

（3）符合新时代人才培养的需求

课程思政建设是着力于构建高水平人才培养体系的一项基础性、创新性工作。我国高等教育目前处于高速发展阶段，其典型特征是让学生“接受更好的教育”。结合如今社会发展形势来看，新时期国家需要的不再单纯是专业型人才，而是高素质、高质量的、全面发展的优秀专业人才，即“一专多能”型人才，社会对人才的期望更多的是“通才”，而不是“专才”。然而，正如前文所述，“课程思政”提出之前高等舞蹈教育仍受早期人才培养模式的影响，与当今社会对专门人才的培养需求与期望存在差距，在一定程度上限制了高校舞蹈专业“育人”作用的发挥。因此，“课程思政”的实施能够促使舞蹈教育的知识综合化与人才培养的多元化，有力推动并有效改进舞蹈教育的人才培养方式。

1）学术型人才向应用型人才转变

对自身专业学科的理论体系具有强烈的追求且高度关注前沿性未知领域的人才是学术型人才，重视强调对基础专业知识的实践能力与应用能力的人才是应用型人才，这类人才同时需要具备个人修养、团队合作精神、敬业精神、实践能力与领导能力。目前，社会正处于工业化与信息化进程中，对应用型人才的需求占较大比重，高校应加大对应用型人才培养的力度，促使学生熟练掌握基本知识并能灵活运用。高校舞蹈教育在培养应用型人才时本身就具有群体性、实践性等便利因素，再通过课程思政中社会主义核心价值观教育、职业道德教育以培养学生的行为习惯与责任感，最终使学生切实符合应用型人才的标准。

2）单一型人才向复合型人才转变

2021 年 9 月，习近平总书记在中央人才工作会议上指出："要走好人才自主培养之路，高校特别是'双一流'大学要发挥培养基础研究人才主力军作用，全方位谋划基础学科人才培养，建设一批基础学科培养基地，培养高水平复合型人才。"复合型人才是指不仅在本专业有丰富的经验，还具备较高的相关技能水平，即多功能人才。因此，课程思政更利于高校舞蹈教育培养复合型人才，具体体现为：一是，通过舞蹈课程中历史文化、时代精神等思政元素的开发，学生可以对舞蹈历史、舞蹈文化、舞蹈学科背景有更深的了解，这是成为复合型人才的关键基础；二是，通过对舞蹈课程中经典作品的创作学习与内容赏析，学生可以深入发展自己的兴趣爱好并拓展自己的职业道路；三是，通过对舞蹈课程中对政治认同、国家意识等方面的教育，学生可以积累各类知识并内化为个人技能。课程思政的建设从本质上来说，就是以思政教育为核心的多学科的融合，去除"什么专业就培养什么人"的思想，进而达到让学生"丰富学识、增长见识"的目的。

综上所述，无论是哪种人才的培养，都涉及教育理念、教育手段、教育内容等诸多综合因素。虽然学生之间存在知识结构与能力的个体差异，但要以社会需求为既定目标预先设计以培养"一专多能型"人才为主的教学计划，积极进行课程思政建设，在强调专业化的同时让学生达到知识的高度融合。

5.高校舞蹈教育课程思政建设有助于教师与学生的综合发展

（1）有助于提高舞蹈专业教师的教学综合水平

高校专业教师是“全面推进课程思政建设”的主要力量，在各个环节的实施中都扮演十分重要的角色。课程思政建设考验的是教师的个人阅历、知识结构及教学能力，对教师的意识、手段、水平等教学素养也有非常高的要求。高校舞蹈专业教师的思政知识结构相比政治学等专业教师较为单一，在待理论教学方面也略显生涩，因此，课程思政的建设会使舞蹈专业教师的政治素养与教学水平有显著提升。

首先，高校舞蹈教育课程思政建设可以强化教师的育人意识，使教师更加明白教育的根本宗旨。目前，高校舞蹈专业中的大部分教师普遍认为对学生的培养应紧紧围绕舞蹈本身，思想政治教育学科与舞蹈学科二者并不存在实质性的关系，从而导致课程思政被认为难以在高校舞蹈教育中开展并进行，更何况实现全面覆盖。然而，正是这种强烈反差才能激发教师对自我意识的进一步思考。舞蹈教师育人意识的强化主要体现为认识并重视思想政治教育在舞蹈教育中的作用，在教学中主动强调其必要性。课程思政建设可以有效改善舞蹈专业教师对理论知识的“偏见”，提高“全方位育人”意识。

其次，高校舞蹈教育课程思政建设有助于教师明确育人角度，找准切入点。教师的育人角度决定着学生接受知识的价值旨向。课程思政要求教师不能只顾着传授专业知识，应该关注人类社会的发展、关注国计民生，将课程内容与党和国家的方针政策、经济社会发展的形势紧密联系在一起。比如，2021 年为中国共产党成立 100 周年，舞蹈课程就应与此联系起来，教师借此机会传播中国价值、讲好中国故事。由此可见，以经济社会的发展为出发点找寻课程思政的育人角度有助于教师向学生传递正能量并提高专业课程中思想教育的效果。

再次，高校舞蹈教育课程思政建设提升教师的育人能力，舞蹈专业教师的专业教学能力一定是毋庸置疑的，提高多学科结合的教学能力才是关键。课程思政作为一种教育理念，实际上是对以往教学模式的一种创新，而教师的创新意识、创新精神和创新能力则是检验教师教学综合水平的重要标志之一。课程思政的内容、形式、途径、评价等方面对舞蹈教师来说是一项创新性工作，因为无论是思政元素的挖掘还是思政内容融入的视角与时机都是高等舞蹈教育之前没有触及的领域。因此，课程思政的实施有助于创新并丰富教师的教育教学理论与手段，为课堂内容的设计提供新思路。

最后，高校舞蹈教育课程思政建设有助于教师提升自身素养。教师在学生面前呈现的不仅是专业知识，还有自身的道德、情感、价值观等全部人格，因此，教师具备完善良好的人格可以起到良好的表率作用。舞蹈专业教师与学生的接触时间较长，而且“身授”的教学方式将教师的一言一行完全展现在学生面前，这就要求舞蹈专业教师必须对自身有严格的规范要求，以此感染学生。课程思政建设可以使教师对德育意识的基本框架以及具体内容的把握进一步深化，也可以使教师传授的舞蹈知识更具思想性与学术性。

（2）有助于舞蹈专业学生的综合发展

1）有助于提升舞蹈专业学生的思想政治素养与舞蹈素养

通过上文对课程思政的人才培养作用分析可以看出课程思政建设是推动各专业大学生全面发展的有力途径，就舞蹈专业学生而言，具备全面发展素质的前提就是要兼备思想政治素养和舞蹈素养。思想政治素养包括政治态度、道德行为、法纪素养等符合时代特征的基本品质。课程思政的重点内容包括：第一，用习近平新时代中国特色社会主义思想铸魂育人，这将对学生政治态度的确立有关键作用；第二，社会主义核心价值观的培育可以促使学生将其外化为个人的自觉行动，从而约束自身的道德行为；第三，深入开展宪法法治教育也是重点内容之一，能够深化学生对法律概念的认知并提高运用法治思维和法治方式的意识和能力。由此可以看出，课程思政能够让舞蹈专业学生对思政相关知识从了解上升为有更深层次的认识、理解已是必然；

第四，注重舞蹈素养的全面发展也是高校舞蹈教育课程思政的努力方向。舞蹈素养包括舞蹈表演、舞蹈创作、舞蹈历史、舞蹈思想等多方面专业知识和能力。高校应根据不同年级进行阶段划分，比如，针对低年级学生可以侧重舞蹈表演能力的提升以及舞蹈历史文化知识的普及，针对高年级学生可以侧重舞蹈编创以及创作能力的提高并增强对古今中外舞蹈思想的认识。在提升舞蹈素养的过程中，课程思政也可以发挥应有的作用。因为舞蹈教育具有兼容性，要创建相互交叉、彼此支撑的环境，不局限于专业教育中规定的课程，可以广泛吸纳哲学、人文等不同视角的理论以支持舞蹈技能、历史、思想等相关知识的观念形成。在建立厚实的文化基础上再进行舞蹈素养的提升才能真正将其内化为自身的实践本领。因此，课程思政作为一种教学方式，有助于舞蹈专业学生思想政治素养与舞蹈素养的同步提升。

2）有助于舞蹈专业学生树立正确的艺术价值观

艺术价值观是人在反映、认知、评价艺术的过程中形成的个人观点与思想，属于价值观的一种特殊形态。“艺术价值是艺术作品在满足人类以审美需要为主导的各种需要时，对人呈现出来的意义。”艺术价值观的主要内容是审美价值，还包括艺术的经济价值、批判价值、教育价值等方面。舞蹈专业学生的艺术价值观主要体现在两方面，一方面是社会文化心理，另一方面是个体文化心理，即受所处社会发展状况或普遍审美现象的影响以及自身对艺术的看法与认知影响。《纲要》中对艺术学类专业课程提出了建设指南，“树立正确的艺术观和创作观……全面提高学生的审美和人文素养”。由此可见，为学生树立正确、健康的艺术价值观也是课程思政的重要任务之一。高校舞蹈教育应引导学生正确看待所处时代的艺术发展、艺术精神及大众审美标准等，增强自身对艺术价值的合理评判。学生具备正确的艺术价值观的核心内容是审美价值观的形成，审美取向在一定程度上反映学生的品质、内涵、态度。正如前文所述，舞蹈教育课程思政可以将作品作为融入点，在学生受教育过程中，由身体动作构成的舞蹈本身就具有“审美感”，因此，要通过舞蹈来激发学生的审美感受并通过对经典作品的欣赏逐步提高审美感知水平，从而拓宽学生的审美视野。除此之外，何为“正确”？艺术价值观本身体现了个体的情感、情绪反应，无法做到全员一致。因此，要通过教育进行正确的引领与规范，通过课程思政让学生明白只有以“为人民而舞”为创作宗旨的作品才是好作品，能够传递积极思想与情感、能够引起共鸣的舞蹈才是真正能获得审美体验的。

综上所述，课程思政的实施能够有效引导并适度规范学生艺术价值观的形成，不仅可以让学生加强对舞蹈本身的审美感知，还可以开拓学生看待、观察事物的视野，从中追求并获得“真、善、美”相统一的艺术价值观。

3）有助于舞蹈专业学生成为国家社会的期望人才

学生发展与社会需求的关系是高等教育必须考虑的问题，课程思政明确要求要对学生进行职业道德教育。在舞蹈专业课程中，要将舞蹈的专业性与职业伦理的操守、职业道德的教育融为一体，有效引导学生关注舞蹈的人才市场，为学生未来的职业生涯提供有力支持。学生具备职业道德观的归宿是产业化和市场性的问题，也就是学生是否适合且适应社会对舞蹈人才的需要，是否与社会对人才的期望相匹配。课程思政的实践可以帮助舞蹈专业学生更加了解舞蹈知识以外的知识，如国家发展形势、相关政策等，能够使学生对此类思政知识的基本内容有所把握，以培养学生的政治信仰，拓宽学生的知识广度。与此同时，在舞蹈教师进行课程思政时学生可以感受到教师对此项工作的重视，并体会到课堂教学内容在原有基础上有所改变，可以促使学生以教师为榜样，认识到将来步入社会不仅要具备专业能力，社会责任感、开拓创新等精神也是必备素质。综上，国家对人才的期望是具备全面发展潜力的，社会对人才的需求是“强专业、高素质”的，“课程思政”不仅可以通过隐性渗透的方式让学生接受更全面的教育，还可以通过显性的实施过程让学生清楚如今国家对高等教育人才输出有非常严谨的态度，要努力成为可靠的社会主义建设者和接班人。

6.高校舞蹈教育课程思政建设有助于高等舞蹈教育事业的发展

总的来说，除上述高校舞蹈教师以及学生的综合素养是高等舞蹈教育事业发展相关的要素外，中国舞蹈文化的传承、优秀舞蹈作品的创作与呈现也是与高等舞蹈教育事业有密切联系的，有时甚至决定高等舞蹈教育的发展走向。因此，本小节将以舞蹈作品、舞蹈文化、舞蹈创作等高校舞蹈教育的重要内容为出发点，分析课程思政视域下高等舞蹈教育事业的发展。

（1）有助于创作优秀作品

创作无愧于时代的优秀舞蹈作品是每一位舞蹈工作者的责任与使命，也是高校舞蹈专业学生的努力方向。然而，由于以往舞蹈教育倾向于传授技能，学生进行作品编创时很容易出现拼接动作、主题不鲜明乃至思想偏移等现象，这类问题归根结底还是教育教学过程中教师没有引导学生树立正确的创作观，学生不知道正确的创作要遵循什么原则，且头脑中仅有舞蹈动作没有各类交叉知识的补充，很难激发创作激情。因此，舞蹈教育课程思政建设有助于创作优秀的作品主要体现在两方面。

第一，能够规范并引领学生的舞蹈创作坚持为社会主义服务、为人民服务的方向。课程思政明确要求艺术专业教育教学要为学生树立正确的创作观，即坚持以人民为中心的创作旨向。作品要能够满足人民对精神文化的需求、要能唤起人民的情感共鸣、要让人民通过作品感受到时代发展过程中文艺的力量。教师可以对一些文件、重要讲话进行解读，让学生认识到艺术创作要遵循的重要思想，让学生正确认知自己所处的是一个什么样的时代，如今的社会风貌是怎样的，再通过对经典作品的深度解析让学生更深层地理解该如何表达作品内涵，如何通过“动作”传递思想感情，从而为舞蹈作品的创作与编创提供灵感。

第二，能够增加学生的知识储备量。课程思政促使舞蹈教育注重舞蹈历史、舞蹈文化等除动作技能外的教学内容，同时还有如人文、民俗等各学科教师的加入，拓宽舞蹈专业学生的知识广度。通过收集交叉互补、互相联系的各类学科、各种信息，获得充足的知识储备并从中提炼出适合用“舞蹈动作”表达的、符合舞蹈创作规律的、符合新时代人民群众思想感情的元素，从而形成创作的灵感和对创作的冲动与欲求，为舞蹈的创作与编创提供新思路。

综上所述，课程思政既能激发学生的创作激情，又可以防止学生创作动向或风格的散漫和随意，有效地规范学生的创作旨向，从而使学生的创作实现思想性、艺术性、观赏性的有机统一。

（2）有助于传承舞蹈文化

高校是一个进行规范化、科学化、系统化教学的教育场所，教育活动都是有目的、有计划地进行，因此可以较为系统地推广并弘扬中国舞蹈文化，是传承文化的主要渠道。对于舞蹈学科来说，高校舞蹈教育本身就包括传承舞蹈文化的课程内容，因此更利于凸显教育的文化属性，突出文化传承的价值与作用。高校舞蹈教育课程思政有助于舞蹈文化传承，主要在于教育教学过程中融入了文化教育的侧重点。无论民间舞、古典舞或是中国舞蹈史理论课等具有文化属性的专业课程原先都以强调技能为主，即动作是否具有美感、是否连贯等对“身体”的要求，那么具体的动作标准从何而来？其背后承载的是中国的民族文化、古典文化，是先辈们刻苦研究的成果。可以说，对“身体”的训练与塑造也是一种文化的传承方式，同时关注身体语言中所蕴藏的自然、历史、传统可以凸显高校舞蹈的教育价值。课程思政中的一项重点内容就是“加强中华优秀传统文化教育”。换言之，教育教学过程中要以专业知识为依托，将舞蹈文化同步渗入课堂，引导学生自觉传承中华文化。

所谓舞蹈文化的传承，一方面是通过对不同舞蹈文化的学习与理解将其流传下去；另一方面是在此基础上进行创造。在课堂上，教师通过引导学生剖析动作背后的文化渊源，增强学生对动作内涵的理解与认知，引导学生发现舞蹈文化的潜在发展规律，将对文化的解析融入课堂教学中还可以让学生真切地感悟到舞蹈文化在当代的发展，离不开老一辈艺术家的提炼与再创造，也离不开当下年轻一代身为“传承人”的智慧体现。基于此，课程思政可以促使教师更加注重舞蹈动作层面延伸的意义，而不单纯强调动作本身。除此之外，高校舞蹈教育教学还可以关注中国历史发展进程的重要节点，深入研究如新中国成立、改革开放时期著名舞蹈家、优秀的编导、演员以及代表性的舞蹈作品，将他们的精神延续至今的高校舞蹈专业学生。中国舞蹈文化的传承，其实质是中华优秀传统文化的传承，这也是高校舞蹈教育课程思政的主要目标。因此，高校舞蹈教育的课程思政可以帮助学生在多元文化的社会环境中理解、保护并促进、传播中国的舞蹈文化，使中国舞蹈文化精粹得以继承。

7.舞蹈教育辅助思想政治教育

课程思政的实施重点是挖掘思政元素，同时要在此基础上对专业课程内容进行重构，而不是生硬的简单化处理，要让舞蹈教育发挥出育人功能的新要求。基于此，弄清楚高校舞蹈教育与高校思想政治教育所存在的内在关联是十分必要的。例如二者的教学目标能否达成一致？二者的教学方法与手段是否可以相融？二者的教学特点是否互补？二者融合是否可以增强教学效果？对这些问题有清晰的认知与解释是课程思政实行落地的基础，目的是更准确、更有效地达成课程思政的要求。首先，从教学目标来看，高校思政教育的教学目标是通过人格修养、价值导向等方面的引领促进学生的全面发展，高校舞蹈教育的教学目标则是通过对学生舞蹈知识、技能与能力的提高，培养全面发展的舞蹈专业人才。二者虽然教学内容不同，但归根结底都是为国家培养全面发展的各类人才，因此，二者的教学目标大致相同；其次，从教学方法与手段来看，高校思想政治教育的教学方法大致有讲授法、讨论法、自主学习法等，多以教师讲授理论知识为主，高校舞蹈教育教学方法分为教师“口传”与“身授”两部分，在舞蹈专业课程中缺一不可。由此可以看出，二者的教学方法各有独特之处，将相对理论的教学方法与强调实际操作的教学方法相融合必然会实现更强的效果；最后，从教学特点来看，高校思想政治教育具有长期性、指引性、整体性等特点，高校舞蹈教育具有实践性、情感性、群体性等特点。思想政治教育的理论基础可以指引舞蹈教育的实践活动、舞蹈教育中的情感教育可以辅助思想政治教育的理性认识，二者相辅相成。因此，二者的融合对于两个本不相同的学科来说，可以创造出它们各自的可能性与多样性。

（1）舞蹈教育有助于增强思想政治教育中隐性因素的传授

高校思想政治教育的方式除正面的显性灌输外，还有隐性渗透的方法，并且有一些理论知识具有隐藏性和暗喻性，往往是以一种看不见、摸不着的方式引导学生接受思想教育。然而，这些潜在的内容有时会被舞蹈专业学生忽略，达不到思想政治教育的目的，这时舞蹈教育就可以起到辅助作用，发挥其特点与优势，将内容转化为舞蹈语言，学生即可从舞蹈中学习到思想政治知识。一方面，舞蹈教育中“身授”的教学方法可以通过肢体动作的表达方式将隐性教育的内容进行转化；另一方面，舞蹈教育所具有的直观性特点可以使学生切身感受，从而深化学生脑海中对理论知识的理解。

因此，北京舞蹈学院 2021 年编排的舞剧《焦裕禄》就是一个很好的例子，该剧坚持了以党史教育引领实践创作方向的原则，将人物的榜样力量切实融入舞蹈中，让学生们感受到了英雄的坚强、坚韧、奉献精神。从课程思政的角度分析该舞剧，首先，焦裕禄人物本身就十分具有党史教育意义，他是我们党的英雄模范；其次，该剧的创演过程做到了理论融合实践的递进，引导学生在创作和排演过程中获得激励与感动；再次，舞剧以焦裕禄在兰考的故事为主线，从中构建了一个为人民无私奉献、与病痛作斗争、不怕失败的人民公仆形象，引导学生从中感悟舞蹈语言所传递的精神内涵；最后，舞剧于焦裕禄逝世 57 周年之际出演，具有特殊的纪念意义，学生在从舞蹈中接受党史教育的同时还深化了精湛、精深的艺术创作意识。总的来说，该剧使思想政治教育内生于舞蹈教学内容中，从而与舞蹈的具体实践高度契合，达到了课程思政的目的。

（2）舞蹈教育有助于提升思想政治教育的实效性

1）促进学生感性认知与理性认识的结合

高校思想政治教育大多是传授相对抽象的概念和理论的，目的是让学生通过抽象思维获得关于事物本质的认识，提高学生的理性认识，而高校舞蹈教育更多的是以直接的人体动作或直观的形象为教学途径，目的是让学生通过感觉、知觉、表象获得关于事物现象的认识，二者之间存在差异，但同时又需要辩证地看待。感性认识是理性认识的基础，这是众所周知的，只有获得对事物全面的感性材料，最终才能实现理性认识的飞跃。基于此，舞蹈作为更倾向于提高情感认知的教育有利于加强学生对事物的直观感受，可以提高对事物的判断与推理。一方面，舞蹈教育中注重运用人体动作、作品等具体、感性的途径，可以适当地把抽象的概念和理论转化为灵活生动的舞蹈语言，可以消除学生对抽象理论学习的畏难心理；另一方面，舞蹈教育可以切实将理论联系实践，学生对理论就不仅局限于抽象的字面理解，而是有了某种切身感受，在符合舞蹈专业学生特点的同时提高了思想政治教育中理性认识的要求。

2）增强学生对文化自信的认识与理解

文化自信教育是高校思想政治教育中非常重要的一部分，要求学生了解中华民族的优秀传统文化、革命传统、革命事件、历史文化、时代精神等。然而，要想引导学生自觉弘扬中国特色社会主义先进文化是一个长期且复杂的过程，这就需要学生对我国历史、文化及事件有全方位的梳理与认识，经过一段时间的积累从中提炼总结出文化内涵、文化精神。虽然说这样可以达到文化自信教育的目标，但学生对其内涵的理解程度可能会停留在理论层面。因此，高校舞蹈教育中的剧目排练、作品赏析、创作编排等课程内容有助于学生增强对文化自信的认识与理解。

比如，教师可以通过对“敦煌舞”相关专题的教学，让学生理解舞蹈中的历史文化。敦煌舞具有兼容并蓄的风格特色，但通过我国老一辈艺术家的开发与挖掘发现敦煌壁画中手、脚的基本形状等精彩舞姿富有古典美，并且还有使用腰鼓、琵琶等具有中华民族特色的道具而舞的特色形象。因此，无论是对敦煌石窟、敦煌壁画及敦煌舞在现代的发展进行理论讲解教学还是对敦煌舞基本体态训练的实践教学都有利于提升学生对舞蹈文化的理解，从而激发学生对本民族文化的自豪感。以中央芭蕾舞团大型原创剧目《敦煌》为例，该舞剧通过一代代守护敦煌艺术的敦煌保护者视角，带领观众体会敦煌人在坚守与传承中流露出的理想与信念，舞剧不但还原了敦煌壁画中的形象，还展现了人们对敦煌艺术的向往与追求。教师可以引导学生观看舞剧并从中探究我国历史文化遗产的精髓。不仅如此，教师还可以增添敦煌舞的手脚基础教学、敦煌舞风格性训练课等实践内容，让学生通过赏析作品及切身体会，结合我国的历史文化进行分析，提升对敦煌艺术的理解能力，并能够自觉弘扬如敦煌文化一样的相关优秀传统文化。由此可见，舞蹈教育可以在一定程度上深化学生的思政理念、提升思政素质，其方法与内容的独特性、专业性同时可以提高思政教育的可操作性。

8.思想政治教育引领舞蹈教育

（1）有助于指明舞蹈教育的方向

由于高校舞蹈教育的专业性强，教育内容更多是以舞蹈专业知识为主，很有可能出现教育目标偏差、教育内容失衡等现象，高校思想政治教育的融入可以很好地解决此类问题，对舞蹈教育进行思想与精神上的引导与规范，树立正确的教育教学方向。其一，思想政治教育可以引导舞蹈教育树立对“思政与艺术”之间的正确认识，不能认为舞蹈艺术应保持自身的独立性、不能认为舞蹈教育只不过是培养学生思想道德的一种手段，而应正确地认识二者相互作用的统一关系；其二，思想政治教育可以约束舞蹈教育教学的规范，在教学过程中坚持把德育放在首位，全方位育人，充分发挥舞蹈育人功能。以舞蹈实践教学中的编创为例，“为人民而舞”的创作观是中国舞蹈文化的本质特征，我国的舞蹈艺术来源于人民并服务于人民，只有在舞蹈教学过程中坚持以思想政治教育为前提，才能使学生在思想上找准中国舞蹈艺术的价值所在，认清满足新时代人民群众的精神文化需求是一切舞蹈创作的出发点。因此，高校思想政治教育对舞蹈教育而言，可以起到正确的引领与规范作用，指明舞蹈教育的发展方向并为舞蹈教育教学的实践提供正确路径。

（2）有助于丰富舞蹈教育的内涵

舞蹈教育的内涵主要体现在内容体系与教学体系上。

首先，在思想政治教育的引导下，舞蹈教育的内容体系可以更切实地全面贯彻落实习近平新时代中国特色社会主义思想，找准舞蹈教育的关键切入点。比如，一是把“致敬革命先辈”等文艺演出活动作为政治认同教育的切入点形成核心内容；二是把中国舞蹈文化、外国经典舞剧赏析作为国家意识教育的切入点形成核心内容；三是把中国古典舞、中国民族民间舞作为文化自信教育的切入点形成核心内容；四是把艺术美学鉴赏、合作编创、剧目排练等作为人格养成教育的切入点形成核心内容。

其次，舞蹈教育教学体系在思想政治教育的丰富下将提升舞蹈专业学生的思想政治素质作为重点，合理优化教学体系，让高校舞蹈课程与思想政治教育形成整体化的衔接并逐步递进，从而使教学更具思想性与学术性。从高校思想政治教育的角度出发，舞蹈课程的属性决定了它的德育价值天然存在，主要体现在：

第一，扩展学生的个体感觉。正如上述舞蹈教育可以提升学生的感性认识，用舞蹈艺术来了解事物、观察事物，更加清晰且敏锐，提升学生对周围事物的感知力。

第二，传达思想情感。舞蹈艺术是一种表达事实、澄清观念、沟通情感的独特媒介，动作的象征性、审美性及情绪的多变性有助于学生抒发与交流情感。

第三，唤起情感态度。舞蹈所具有的感染力无可争议，它具有激发情感共鸣的能力，这使舞蹈艺术具有传递精神内涵的潜力。

由此可见，舞蹈教育不仅是对肢体动作的教学，其蕴含的深层次内容饱含着对学生人格、情感、态度的培养，这与高校的思想政治教育内容相呼应且互作用。因此，在以培养学生思政素质为重点的前提下，舞蹈教育的内容、过程、体系等方面都将获得升华。这时，舞蹈教育的内涵将不止提升学生的专业能力、审美能力、个性品德等，更重要的是提升学生的思想觉悟与精神修养，即使学生实现综合、全面发展。

第二节 国内外研究现状

1.国内研究现状

根据本文研究需要，笔者通过对我国教育部与中共中央的相关文件的学习研究，发现我国早在 1987 年 5 月 29 日发布的《关于改进和加强高等学校思想政治工作的决定》中提出，建设具有中国特色的社会主义需要培养一代又一代的宏大的知识分子队伍。这支队伍的思想道德素质和科学文化素质，关系着我国社会主义事业的前途和命运。对此，高等学校担负着重大的任务。由此可见，高校中的思想政治教育所发挥的作用尤为重要。随着我国经济体制的改革、国家发展形势的变化，为适应新形势的要求，1994 年 8 月，《中共中央关于进一步加强和改进学校德育工作的若干意见》强调了要积极将各门课程融入思想政治教育中，为培养全面发展的人才做充足准备。

综上所述，思想政治教育在高校中占据十分重要的位置，各科课程与之相结合也是时代发展的需要，这不仅符合我国“立德树人”的育人目标，同时为“课程思政”的提出奠定了有效基础。

2014 年，上海市通过多年来对思想政治教育课程改革的探索，推出了“课程思政”这一全新的教育理念。“课程思政”理念推出后，上海各高校便积极投身于改革创新的工作中。上海各高校推出了“中国系列”课程，这足以说明高校思想政治教育实现思政课程到课程思政的转变思路逐渐清晰，在各门课程中融入思想政治教育理论知识与精神内涵的路径也初见成效。2020 年

5月28日，教育部发布的《纲要》中强调，高校要围绕全面提高人才培养能力为工作目标，落实立德树人的根本任务。《纲要》中具体指出了课程思政的主要工作思路、内容体系、教学体系、课堂教学举措，为各高校的课程思政建设指明了方向。

笔者通过对中国知网数据库检索，以“课程思政”为主题搜索，共有2.8万条检索结果，其中期刊论文2.1万篇，学位论文215篇；以“艺术课程思政”为主题搜索，共有441条检索结果，其中期刊论文300篇，学位论文7篇；以“舞蹈课程思政”为主题搜索了共有31条检索结果，其中期刊论文17篇，学位论文2篇；以“高校舞蹈课程思政”为主题搜索，共有期刊论文25篇。通过对现有资料的查询，目前尚无舞蹈教育课程思政的相关专著。由此可见，将课程思政理念融入高校舞蹈教育中的研究成果稀缺，并且大多为理论层面的，具体的实践探索则较为匮乏。现将有关文献分类整理如下。

（1）高校舞蹈教育与高校思想政治教育的理论专著

吕艺生在《舞蹈教育学》中第三部分教育篇提到德育在舞蹈教育中的首要地位，并通过舞蹈教育的特点进一步指明了舞蹈教育中德育的途径和原则；彭红在《艺术院校思想政治理论实践课教学模式研究：以北京舞蹈学院为例》中提到要根据舞蹈类专业学生的个性特点，实施思想政治教育工作，为培养舞蹈艺术人才开展思想政治理论课的实践教学，并提出了“4+1”的实践教学模式，促进了艺术院校思想政治教育教学的建设；王莹在《艺术与思想政治教育》中针对艺术院校大学生的特点提出了关于教学管理模式、工作队伍建设等方面的对策思考；周国琴、徐平华在《艺术院校思想政治理论课“一体两翼”教学模式与方法研究》中提出了以思想政治教育为核心、人文素质为拓展、艺术类思想政治教育资源为辅助的“一体两翼”式教学模式，并指出如何将艺术作品教学法、艺术案例教学法、传统文化教学法等方法贯彻到思想政治教育的主干课中。

（2）与本文研究相关的文献综述

1）有关艺术教育与“课程思政”的相关文献

崔琳（2020）在《长江丛刊》发表的《“课程思政”视域下高等艺术院校思想政治教育与艺术教育融合的路径探析》中通过分析“课程思政”的提出与实质，提出了以课程体系为载体的融合、以活动为载体的融合以及以新媒体、名家讲堂、公共资源平台为载体的融合等多种融合路径；郑铭（2018）在《湖北经济学院学报（人文社会科学版）》发表的论文《课程思政理念下思想政治教育与艺术教育融合的几点思考》中认为课程思政是新形势下高校开展教育实践的新要求。文章通过对高校思想政治教育与艺术教育的困境反思，指出二者融合是摆脱教育困境、提升文化原创力的有效途径。同时作者还进行了二者融合的理路梳理，并从教学原则及机制构建两方面提供了教学策略的思考。

2）有关舞蹈教育与思想政治教育的相关文献

聂露艳（2012）在硕士论文《思想政治教育在当代艺术院系舞蹈教学中的功能性研究》中认为“舞蹈教学与创作有了思想人文的内涵，对于学生思想的进步与成长的反应是积极的。要提高艺术院系思想政治教育的针对性和实效性，就要引入人性化的思想政治教育”。文章通过对舞蹈艺术创作中进行思想渗入的实践性研究，提出了发展与提高舞蹈教学的思想性首先要“以人为本”；其次要将艺术的思想性教育融入中国传统舞蹈美学品格教育中；最后艺术院系的教师在进行思想政治教育的过程中要注意角色分工和定位。张馨木（2016）在硕士论文《探索学生艺术思想教育在舞蹈教学中的重要性》中，从分析艺术思想教育的现状入手，指出在舞蹈教学中艺术思想教育可以助推舞蹈教学健康合理发展、塑造学生的艺术灵魂等，并对舞蹈教学中加强艺术思想教育的方法提出合理建议。张曦予（2019）在硕士论文《身体伦理视域下红色舞蹈思政教育渗透研究》中，分析了红色舞蹈与思政教育的关系，以及红色舞蹈渗透在思政教育中存在的普及力度不足、教学情景塑造不足等困境，进一步提出了身体伦理视域下红色舞蹈思政教育渗透实践构想。

3）有关舞蹈教育与“课程思政”的相关文献

马健听（2019）在《教育观察》发表的期刊论文《关于课程思政融入“舞蹈鉴赏”美育课程的探讨》中，首先强调了艺术课程要在美育的教学过程中达到德育的目标，其次以多元化视角阐述了课程思政融入舞蹈鉴赏，包括将理性的思想道德观念融入、艺术精品与思想精品相结合、挖掘课程的思政品质，探索多元化的教学方法；丁思文（2020）在《江苏经贸职业技术学院学报》发表的论文《课程思政视角下的高校舞蹈素质教育实践探索》中，从舞蹈教育的课程设置、受众对象、育人功能三方面浅谈了高校舞蹈教育现状，并通过问卷的形式对高校舞蹈素质教育的实践进行了梳理，文中提出，推动舞蹈素质教育实践要突出体验教学、突出价值引领、突出师生互动。

《纲要》要求各专业课程与思想政治教育同向同行，将课程蕴含的育人资源充分开发，实现在知识传授中塑造价值。因此，国内各高校各专业开始积极探索课程思政。一方面，有针对宏观各专业学科的课程思政研究，如大学物理、生物类专业、体育专业、公共艺术课。研究者的研究内容各不相同，彭双阶（2020）主要探究如何实现大学数学课程思政，提出可以从师德建设、元素挖掘、寻求思政切入点和更新教学手段四个方面落实课程思政。王小力（2020）探究物理学的思政内涵，提出物理学以其历史底蕴、科学精神、科学思维、唯物辩证法的研究方法、人文价值及引领科技的基础作用，为大学物理课程思政提供了丰富的思政元素和资源。另一方面，有对微观某一门课的课程思政研究，如食品工艺学、食品营养学、包装工艺学等课程，主要围绕课程挖掘思政元素、融入思政元素、提出思政教学路径方面进行研究。毛静等（2020）挖掘出国际贸易学课程中蕴含了“四个自信”“爱国主义情怀”“人类命运共同体理念”和“正确认识党风廉政建设和反腐败斗争的重要意义”这四个思政元素。同时，课程思政研究也从高校向中小学教育拓展，汪瑞林等（2020）提出中小学阶段落实课程思政具有重要意义。

4）关于课程思政价值研究

一是课程维度。柏拉图曾说“知识即美德”“知识是带有说理的真信念”，随着社会分工精细化、教育功利性、知识经济性导致课程的价值与知识分离，课程思政提出的根本意义在于回归课程的育人本质。二是人才培养维度。课程思政实现了育人功能的价值再造，通过赋予课堂教学知识更强的生命力和更深刻的回应力，主动实现对学生的价值引导，提高学生专业水平，增强学生的思想政治素质、文化素质和家国情环，培养本专业学生教学、训练、科研能力，分析问题、思考问题和解决问题能力，增强学生思想政治素质，将大学生培养成为具有坚定理想信念和过硬学识能力的社会主义建设者和接班人。三是教师发展维度。课程思政的实施对高校教师能力提出新的要求，教师要有强大的支持性能力才能有效实施课程思政，因此，课程思政建设能够倒逼教师多维发展，实现教师教学相长。赵光等人（2020）以高校思政教师、专业课教师、辅导员三个层面为主题进行课程思政胜任模型构建，其中思政教师应该具备个人特质、知识素养和教学能力，专业教师要具备个人特质、思政认知和知识技能，辅导员需要具有个人特质、理论素养和教育实践。

5）关于课程思政教学研究

一是课程思政教学前准备过程的教学研究，主要指课程思政的教学设计。例如李才明等（2022）基于“碳中和”思政理念对《食品工厂设计》从多媒体辅助教学、采用翻转课堂形式分组讨论、通过具体案例进行分析、改革传统课程评价方式四个方面设计，并在教学过程中检验思政教育已初见成效。二是课程思政教学过程中的教学研究，包括教师能力提高和教学资源库建设等。顾晓英（2020）提出，教师是做好高校课程思政教学改革的关键。张文霞等（2022）通过定性和定量相结合的方法分析大学外语课程思政教学能力，认为大学外语教师总体上表现出了较强的课程思政教学能力，但是仍有很大提升空间，需要从教师个人和学院管理两个层面发力。戴健（2020）关注教学团队的建设，提出团队合力能够确保课程思政高效稳定推进。刘艳艳等（2021）则分享菏泽医学专科学校所建立的课程思政教学资源库的经验，包括建设思路、资源库架构及内容，值得各高校学习。三是课程思政教学后的教学研究，主要分为评价体系架构研究、教学效果研究。胡洪彬（2022）提出了课程思政教学质量评价的体系架构，即谁来评价、去评价谁、评价什么、如何评价，并在构建的基础上形成了相应的制度和机制。王咏梅等（2020）探索了新闻史教学的思路和实施路径，并提出从内容、实施方式和学生观念进行教学效果评估，通过实证发现本课程教学效果良好。

孙跃东等（2021）在李秉德"七要素"教学论和库巴与林肯的"第四代评价理论"的理论指导下，参照实际的评估指标体系在对教师、学生进行大量问卷调查的基础上，通过德尔菲法构建了理工科课程思政教学评价指标体系模型。张慧聪（2022）根据公安院校课程思政教学的现状和问题，在教学评价内容和思路的引领下初步拟定了涵盖 5 个一级指标教学评价指标和 25 个二级指标的课程思政评价指标体系，但是未进行下一步检验。周滋霞等（2022）以 CIPP 模型为框架，初步拟定包括 4 个一级指标、12 个二级指标和 36 个三级指标的高职护理专业课课程思政教学评价指标体系，随后运用德尔菲法检验指标及运用层次分析法确定权重。马孟伟（2022）基于文献资料法和理论研究初拟定护理本科专业课课程思政教学评价指标体系，紧接着使用德尔菲法、层次分析法稳定并确定各级指标权重，并编制护理本科专业课程思政教学调查问卷和教学评价表，通过应用研究表明指标及权重合理，量表具有合理性和可操作性。郑宇航（2021）以相关政策、法规为指导、以人的全面发展理论为理论基础，初步构建高校课程思政教学评价指标体系，在此基础上进一步形成《高校课程思政教学评价指标体系重要程度问卷》，以高校教师、全日制本科生为调查对象开展实证研究。

6）关于课程思政实施路径研究

一是整体性探究课程思政实施路径。研究从整体性视角出发，从宏观层面探究课程思政实施的策略，其中发挥教师主导作用、挖掘思政元素、课程与教学建设、构建长效管理和保障制度成为高频路径。刘淑明等（2019）认为高校课程思政实施，一是要掌握育人主动权，将思政元素融入课程教学中；二是，应加强教学体系管理，建立课程思政长效机制；三是，应充分发挥教师主导作用，提高教学质量。肖香龙和朱珠（2018）指出课程思政优化与实施的路径为：整体设计和推进课程思政，从课程建设、教材建设、教学研讨、师资互通和教学评价打造“五个一平台”，从政策导向、制度建设、机制保障等方面协力推进课程思政建设。二是结合专业课探究课程思政实施路径。以专业课为研究对象探究课程思政实施路径较上一层面更加具体和精确。例如，谢兆辉等人（2020）将生物化学课程思政中的课程知识点和思政元素触点发掘出来，并提出关于课程知识与思政元素有机融合的途径：课程知识感悟启迪、名言警句画龙点睛、深入讨论内化提升、实验教学升华铸魂。

向庆林等（2022）从体育舞蹈课程思政教学的融入点、融入难点和实践路径三个层面进行研究。田海蓉（2022）从“主力军”“主战场”“主渠道”三个方面探究体育舞蹈课程思政的具体实施路径。张莉萍（2022）提出体育舞蹈育人体系的构建包括：转变教育理念、元素挖掘及教学融合、提高教师能力、完善评价体系。文秀丽和张孔军（2022）指出体育舞蹈与课程思政相融合，体育舞蹈课程思政是贯彻落实全国思想政治工作会议精神，培养全面发展的新时代人才和满足体育舞蹈教育教学改革发展需要的重要举措，要在培养学生“三观”、健康心理、教学内容和文化礼仪中实现。李娟（2021）提出体育舞蹈教育中课程思政融合措施包括基于专业教育挖掘思政内容、注重地区历史创建课程思政、突出课程思政中人生价值导向作用、强化教育中人生意义指导、借助课程思政强化学生学习兴趣及基于思政改进评价机制。戴郁珠（2021）采用问卷调查、专家访谈和案例分析等方法，以多学科视角从学科知识、课程结构、师资队伍、评价、监督与反馈方面系统地分析体育舞蹈课程思政育人模式，并提出相关建议。胡映珍（2021）认为高校应指明育人方向、培养学生体育精神、丰富课程设置、完善教学评价实现课程思政在体育舞蹈人才培养中的作用。闰格（2021）指出体育舞蹈课程能够培养学生爱国主义精神、奋斗拼搏和永不言弃的精神、体育礼仪精神、集体荣誉感和团结协作精神、创新精神、竞争意识、终身体育意识，并提出有效路径。许志琳和林万雷（2019）指明体育舞蹈具有健身、美育、培养学生团结合作精神、对舞者的人文和艺术教育与“开智”的课程思政优势，并提出开发体育舞蹈课程思政的对策。

（3）关于体育舞蹈研究

以“高校体育舞蹈”“体育院校体育舞蹈”“体育舞蹈大学生”为主题在中国知网进行检索，发现1994年10月发表于《体育科学》题为《试论高校体育舞蹈与终身体育》的论文打开了高校体育舞蹈研究的大门，此后研究量逐年增加，涉及的学科不断丰富、领域愈加广泛，其中以音乐舞蹈学（41.57%）、体育学（32.89%）和高等教育学（18.27%）为主，同时融合计算机科学、教育理论与管理学、生物学、新闻与传播学等众多学科。通过对分析、整理文献及成果，根据各位学者的研究内容可将体育舞蹈研究划分为四个主要议题，具体如下：

1）关于体育舞蹈价值研究

一是关于体育舞蹈运动价值。李娜（2019)、薄国华（2016)、方媛（2020) 以单一素质为研究目标进行实验证明得出：体育舞蹈能够增强大学平衡素质、协调素质、灵敏素质，还能增加骨密度和体成分，提高体适能等。陈泽刚（2017）则选择81名女大学生进行为期14周的体育舞蹈练习证实体育舞蹈对体质健康的积极影响。二是关于体育舞蹈心理价值。体育舞蹈在增强体质的同时亦可促进心理健康，如体育舞蹈能够提高大学生自我效能感、战胜自卑心理，提高学生的挫折承受力，增强学生社会适应能力。杨海燕（2021）研究证明观赏体育舞蹈也可以缓解女大学生焦虑情绪。三是关于体育舞蹈美育价值。体育舞蹈作为一种艺术活动，蕴含了丰富的审美表征，通过体育舞蹈教学可以培养学生评价美的意识和提高鉴赏美的能力，除此之外，体育舞蹈文化中也蕴含着美学内涵。四是关于体育舞蹈教育价值。毕菲

（2012）提出通过体育舞蹈的项目教育可以让学生在技能增值中收获文化传承、历史的探究能力、个人素质提高、社会能力培养和终身体育接受。段美君（2020）用核心素养概念来探究体育舞蹈教育价值。体育舞蹈的价值也体现在对校园和谐文化的建设。同时，体育舞蹈的文化性及文化价值也在中国本土化进程中彰显了我国的文化自信。

2）关于体育舞蹈训练研究

一是对于体育舞蹈训练提高身体素质的研究，此部分归于体育舞蹈价值研究，在此不做赘述。二是对借助训练提高体育舞蹈技术的研究，具体包括：芭蕾训练能够增强旋转技术、瑜伽训练能够帮助消除疲劳、现代舞基础训练能够提高核心力量等，如程彬（2019）提出运用功能性练习改善少儿下肢力量不足和力量传递失败影响整体无力的这一现状。曲钮洁（2022）认为加压训练能够提高体育舞蹈男运动员加压侧面肌肉力量和核心肌肉力量及平衡能力，达到提高体育舞蹈运动员核心稳定性的目的。三是对具体舞种的特定步子运动学规律研究，包括伦巴舞前进走步、探戈舞“西班牙拖步”、华尔兹舞方形步、桑巴舞前进走步，以及旋转动作、骨盆动律、翻滚转步等。例如，朱继发（2021）以国家级三组选手的拉丁舞恰恰定点转 13 个指标技术为参数，建立优秀拉丁舞选手恰恰舞定点转旋转动作模型并选择 6 名优秀选手进行动作的运动学特征分析，为我国体育舞蹈优秀选手科学的理论做指导。王众（2021）运用德尔菲法、实验研究法等选取 12 名同学依据 Qualisys 光学动作捕捉系统捕捉胯部运动，借助 Visual 3D 导出并分析数据，得出骨盆转动幅度、速度和加速度能够展示其质感，与音乐的结合能够判断舞者水平等结论。

3）关于体育舞蹈现状研究

一是高校体育舞蹈教师现状。杨晶晶（2019）、宋娟（2021）对体育舞蹈教师现状研究进行了研究，其中宋娟（2021）的博士论文指出我国体育舞蹈教师队伍及素质存在一定问题。二是高校体育舞蹈教学设施现状。笔者整理文献看出体育舞蹈教学设施和场地呈现普遍性匮乏且无法满足上课需求的现状。三是高校体育舞蹈教学问题。体育舞蹈理论教学缺乏，理论课程开设时间短且深度和广度不足，日常实践课程的技术内容以基础训练为主，缺乏实用性。同时，部分学校编写了体育舞蹈教材和教学大纲，但能够正确使用教材和教学大纲的学校较少，鲜有高校以正规教材作为讲授的依据。高瑞星（2021）认为全国体育类院校在选择体育舞蹈教材时更注重技术动作内容。体育舞蹈教学方法传统且单一，引起学者们的关注，关于体育舞蹈教学方法探索将在后文综述。我国体育舞蹈教学评价缺少合理科学的评价机制，以舞蹈技术为重点，缺乏理论知识和教学能力的评价，呈现学生成绩评定不够全面的现况。四是体育舞蹈人才培养效果研究。关于体育舞蹈学生就业现状存在争议，张美叶（2018）持积极就业态度，裴志芳（2019）持消极就业态度。

4）关于体育舞蹈教学研究

如上现状所述，由于高校体育舞蹈发展质量跟不上发展速度，且受到信息技术发展水平等因素的影响，为进一步适应高质量发展要求，高校需要改革传统教学手段，探索新的教学模式。因此，关于高校体育舞蹈教学探索成为研究热点。王晓玲等（2021）、何娟露等（2021）、李子赛等（2021）提出新的教学模式，如体育舞蹈课程教学、表演和比赛“三位一体”教学模式及线上线下融合教学模式等。在大量实践课程教学探索中，一些学者也将研究视角聚焦于理论课程中，例如，王琪琪（2021）提出以超循环理论为切入点，分析及运用体育舞蹈理论教学的认知—建构理论，提高体育舞蹈理论教学质量。有学者分享了体育舞蹈教学探索经验，例如，龙岩学院为满足高校学生不同层次及不同兴趣的取向实施体育舞蹈俱乐部制，为高校体育舞蹈教学改革提供一定参考。

综上所述，体育舞蹈研究从横向来看较为广泛，从纵向来看研究成果转换效率不高，问题依然存在。为有效发挥体育舞蹈价值，高校应主动承担体育舞蹈生学习和训练的教学工作，新时代还要求高校要将“立德树人”作为教学任务，关注学生的全面发展。由于课程思政为全新的教育理念，相关研究成果还较少，笔者将借鉴国内现有的资料，对课程思政融入舞蹈教育进行深入研究，希望对舞蹈教育的发展有所贡献。

2.国外研究现状

首先，笔者通过阅读纸质版书籍，发现古希腊的三位哲学家为体育道德教育做出巨大贡献。第一，苏格拉底强调做任何事情都离不开强健的身体和精神。第二，柏拉图认为人们从事身体锻炼活动可以净化灵魂，获得道德提升。第三，亚里士多德提倡把儿童交给体育教师，让体育教师造就儿童的体质和品质。总的来说，三大体育思想家都在以不同的形式进行隐性教育。

其次，笔者以 sports moral education 和 sports education of moral 为关键词，选择 Web of Sicence 核心论文集中引用次数最多的文献，查找到以下文献。Rus CM 认为道德教育有助于道德良知和行为的形成与发展，有助于塑造人格的道德形象。他指出教师可以将道德教育目标融入所教学科的课程中，用道德教育的方式提高学生的道德水平。Bronikowska M 等人调查学生在体育活动背景下的道德能力水平差异，发现多年的运动训练与道德发展呈显著正相关，从而建议学校更新学生道德教育的培训计划。Korcz A 等人考察了参加运动的青少年与完全不参加运动的青少年的道德能力水平，发现参加运动的青少年道德能力水平高于不运动的青少年道德能力。Burgueo R 认为体育教育是一种有效的教学模式，提出教师应在学校体育的背景下，融入体育道德教育内容，促进中职生的道德教育。总之，在外国文献中，Rus CM、Bronikowska M 和 Burgueo R 等人认为在体育课程中注重实践培养和整体德育环境对学生的熏陶。

最后，通过中国知网外文文献知网节以 sport dance 和 moral 为关键词，查找到以下文献。Chen、Rosa Hong 认为通过体育舞蹈活动，能培养学生的美德和道德。JC Zheng 等人探讨了体育舞蹈的德育和美育内在价值。基于此，高校教学应重视大学生德育和美育内在价值的培养，促进体育舞蹈教学的道德回归。S Ling 等人采用文献资料法、比较分析法、逻辑推理法等方法，阐述体育舞蹈在德育、通识教育、体育健身等方面的作用和价值。Z Yu等人在《高校“阳光体育”与德育、美育相结合的研究——以班级集体舞为例》中提出高校体育工作者必须深入思考如何在体育教学中将德育与美育相融合。因此，通过分析国外体育舞蹈道德教育的研究，发现对其研究的文章比较少，但是文章的共同之处有：Chen、Rosa Hong、JC Zheng、Z Yu等人都阐述了体育舞蹈在德育和美育方面的价值。JC Zheng、S Ling、Chen、Rosa Hong、Z Yu等人都认为体育舞蹈教学过程中可以灌输道德教育。

第三节　研究方法

1.文献研究法

笔者通过检索中国知网数据库、舞蹈教育与思想政治教育的相关专著以及相关政策文件，搜集整理关于舞蹈教育课程思政的现有研究资料，分析其现状并对未来发展的可能性进行深入研究，为本文提供理论依据。

2.调查研究法

笔者通过对高校思想政治教育与高校舞蹈教育现状进行调查，获取有关资料，并对其具体的发展历程进行分析，为本文课程思政的研究奠定基础。

3.综合研究法

笔者将结合政治学、教育学等多学科进行综合性研究，从多方面分析舞蹈教育中课程思政的意义与价值。

第四节　研究重点与难点

1.研究重点

首先，改变以往舞蹈教育中专业教育和思想政治教育分离的思想与认识，提高对思想政治教育工作的重视程度；其次，为高校舞蹈教育的课程思政实践提供具体的理论与实践建议；最后，“课程思政”作为未来高等教育的必然趋势，对高等舞蹈教育的发展具有一定的理论与实践意义。

2.研究难点

首先，课程思政的理念于 2014 年正式提出，直至 2020 年《高等学校课程思政建设指导纲要》发布，高校的课程思政建设才有了理论标准与实践方向，因此，直至今日，高校的课程思政建设仍处于探索前进阶段；其次，通过对现有资料的查询，众多高校舞蹈教育研究的文献中有关思想政治教育与舞蹈教育相结合的内容较少，且以课程思政为理论基础的研究较为缺乏，因此本文需要对“课程思政”的内涵有清晰的认知与把握，并在此基础上分析高校舞蹈教育的发展特征；最后，舞蹈教育与思想政治教育存在明显差异，由于舞蹈教育与思想政治教育的教学模式本身就有所不同，所以二者的融合研究需要从教学体系、教学方法、教学目标、教育主体和客体等多方面进行综合考虑，从而较为详细地提出适合高校舞蹈教育的课程思政教学模式。

第二章 相关概念和理论

第一节 课程思政的相关概述

随着高等教育事业的高速发展，教学观念、方法、内容也不断更新，在这样的背景下，“课程思政”应运而生。“课程思政”一词于 2014 年首现，是由上海市委、市政府在推进教育改革过程中提出的一种教育理念，是高校思想政治教育实践的直接传承。1987 年出台的《关于改进和加强高等学校思想政治工作的决定》、1995 年出台的《中国普通高等学校德育大纲》都明确要求并强调要将思想政治教育与专业教学有机结合起来，充分发挥各学科的德育功能，同时证实了思想政治教育在高校中的地位与重要性。

因此，本书首先对高校思想政治教育的历史发展进行梳理，其中包括它的产生、内容与途径，进而剖析“课程思政”的内涵与意义。

在高毅德与宗爱东两位教授研究的基础上，学者邱伟光简述了“课程中的思想政治教育”的基本含义，即“充分发挥课堂教学、育人的主要渠道，使每门课都能发挥思想政治教育的作用”。邱伟光立足“课程与政治思想”的内在价值，同时“坚持社会主义办学方向，突出‘以胜利培育人’的本质”，深入挖掘其原有的价值内涵，从“顺从性”“循规律”“循规蹈矩”“循规矩”“规律性”和“必然性”入手，通过逐步结合历史逻辑、理论逻辑和实践逻辑，有力地阐释了高校“思想政治课程”工作实践逻辑中“懂教师、讲教材、挖资源、保护制度”的基本规律和有效路径，在“课程思想政治”前沿研究与应用研究的过渡中发挥了关键作用。

此后，对“思想政治问题”和“课程思想政治问题”的过渡、协同、比较等方面的理论分析逐渐丰富。邱伟光还论述了洪娟、董勇等高校思想政治教育由“思想政治问题”向“课程思想政治问题”转变的理论基础和根本内涵。他认为过渡性特征是高校思想政治教育在创新逻辑、观念升华、内涵转化、制度重构等方面不可避免的轨迹，揭示了“实现课程体系深度融合与协同，课程理性价值与工具价值衔接，满足科学教育与人文教育实践需求”等转型驱动因素。

邱仁福、郑家然、万林彦、陈慧芳等人从“思政路线”与“课程思政路线”的联系角度探讨了两者的协同作用。学者们指出，“思想政治课程”教育改革在“观念教育、实践教育、课程教育”中的协同效应。他们建议归纳提炼、理解教育规律等科学研究方法，在不同类型课程的教学内容中，应探索“共导”和“同侪”实践的路径。他们还指出，“同一方向”需要在政治方向和教育方向上保持一致，并在文化上寻求统一；“同行”要从“保持速度、互补互促、共享发展成果”的角度进行理论探索和实践检讨。

石书臣、王静云、徐硕等人从比较视角探讨了“思想政治问题”与“课程思想政治问题”的联系和区别。石书臣指出，“思想政治”与“课程思想政治”的联系体现在目标的共同性、方向和功能的一致性、方向和内容的相容性，这种差异主要体现在两种课程概念在“学科、地位、特点、优势”方面的不同侧重点和共同教育努力。王静云指出，在学术逻辑与实践逻辑的共同观察下，要打造“思想政治”与“课程思政”的建构和逻辑互动，思考“相互建构”和“互动”，推动“课程思政”在“高层次设计、高层次教育方法”的制度建设，实践路径。在关系分析方面，徐硕从“价值取向的一致性、实现方法的差异、思想政治教育的协同性”等概念的内在联系和主要区别，提出了基于梳理关系基础的论证范式。

杨晓晖、陈彦、王丽华等人围绕高职学校课程改革的实施情况，从领导、协调、融合等角度探讨了“思政课程”的结构和系统价值。学者杨晓辉认为，我国高职院校应结合自身实践，以“学科合作中的价值辅导、团队合作中的角色辅导、教学合作的示范”为理念，逐步探索“思想政治课程”的实践逻辑和运行体系，引领和衔接“课程思想政治”。陈岩从宏观、中观和微观三个角度，探讨了高等学校开展“课程思想政治”的系统性措施。他强调，在“思政战略”与“思政课程”的相互作用中，要考虑“落实党的首要职责、转变教育教学观念、精简课程开发和考核制度、强化和精简师资队伍结构”等关键环节。王立华以高职学校应以新时代国家和社会发展需要的教学改革为逻辑出发点，从“时间的需要、理论基础的需要、原则的需要、轨道设计”四个方面系统地阐释了高职学校“课程思想政治”的内在有效性和实践逻辑。

1.高校思想政治教育的历史渊源与变迁

思想政治教育（简称“思政教育”）是中国普通高等学校的本科专业，同时也是规范、完善并促进各专业大学生政治方向、思想观念与道德行为的一项实践活动。高校的思想政治教育产生于新中国成立初期，正是急需高素质人才的社会主义建设的初级阶段，为了摆脱封建社会思想政治的束缚，必须全面提高人民的文化水平与素养。面对国家未来的发展与建设，大学生肩负重任，在校时不仅要学习专业知识，还要具备投身于社会主义建设的思想意识，因此高校思想政治教育适时产生。这时的思想政治教育不是一门独立的学科，仅属于高校教育内容中的一部分，其根本任务是让大学生将专业及文化的学习自觉地与社会主义建设结合在一起，从而更好地投身中国特色社会主义建设。培育大学生爱国主义思想是这一阶段的思想政治教育主要内容，爱国主义内容分别体现在高校的专业课、文化课及思想政治课中，目的是激发大学生的爱国热情并为社会主义建设贡献力量。

如上所述，中华人民共和国成立初期思想政治教育的主要任务是提高大学生群体的思想觉悟，让他们能够为广大青年群体树立榜样，有助于提高整个社会青年的思想水平并延续社会主义建设的思想力量。

改革开放初期，高校思想政治教育开创了全新的局面并取得了一系列重大进展。为适应国家的发展形势，这一阶段的思想政治教育采取了“在改革中创新、在开放中发展”的方式，逐步坚定了思想政治教育的重要地位。1987 年，《关于改进和加强高等学校思想政治工作的决定》指出，在新形势下，高等学校必须把改进和加强思想政治工作作为自己的重要任务。同时总结了新时期我国高校思想政治教育的工作思路。思想政治教育在相关政策的指导下逐渐趋于系统化，也取得了准确定位。到了改革开放时期，在党中央的正确领导下，思想政治教育被正式列入学科建设中，覆盖的内容也更加全面，包括向学生普及法律知识、让学生了解中国历史文化等，从多方面对学生进行科学指导，使国家社会的发展与学生的综合素质提升相辅相成。然而改革开放后，人民的思想和行为随着国内经济的飞速发展，变得更加多元化，大学生群体的特点也呈现出多样化特征。怎样使我国人民的思想观念不动摇，即“培养什么人”则成为这一时期思想政治教育的工作侧重点。因此，高校专门设置了思想品德教育课程并规定了课时，改变了教学模式。通过思政课程、专业课程以及社会实践三种途径以直接或间接的方式进行教学，此举的目的是提高学生的学习积极性，从而进一步发展社会主义事业。由此可以看出，早在改革开放时期，高校思想政治教育的形式就逐渐丰富，内容按照大学生群体的特点设置得更为详细，并坚持以学生为主体的原则，将实践融入教学过程中，使教学方式变得更加灵活生动。随着思想政治教育正式成为高校的一门学科，教学目标、教学内容、教学方式逐渐完善。此时，高校思想政治教育涵盖了道德教育、法治教育、心理健康教育、中华优秀传统文化教育等，确保学生进行专业学习的同时提升政治觉悟并规范个人道德行为。

直至 20 世纪 90 年代，高校思想政治教育进入了快速、稳步发展时期，正式步入了系统建设、全面创新的发展道路。十三届四中全会以来，普通高校实行党委领导下的校长负责制，并建立健全了领导体制、管理体制，为高校思想政治教育工作提供了保障。1995 年，当时的国家教育委员会发布了《中国普通高等学校德育大纲（试行）》，对高校德育工作的具体路径进行了全方位指导。1999 年素质教育理念的提出，将德育放在高校教育的首位。

这些文件的颁布与实施促使高校思想政治教育的发展更加规范化、制度化。除此之外，20 世纪 90 年代高校思想政治教育学科建设工作也出现了可喜的局面，国内许多高校开始设置思想政治教育本科、硕士点、博士点，马克思主义哲学、思想政治教育管理学等分支学科逐步形成，这标志着思想政治教育的领域在不断拓宽，其基础理论的发展进程也在不断推进。总的来说，自 1990 年开始，高校思想政治教育的发展稳定、科学、健康，为新时期的教育教学改革奠定了坚实的基础。

21 世纪初，我国高校思想政治教育进入了创新发展的时期，理念、内容、方法都在汲取过去经验的基础上不断发展，大学生思想政治教育工作也受到党中央的高度重视，于 2005 年 1 月召开的全国加强和改进大学生思想政治教育会议中强调要培养具有高尚思想品质、良好道德修养和丰富知识的优秀人才。党的十七大指出育人为本、德育为先，实施素质教育，培养德、智、体、美、劳全面发展的人才。在党中央文件精神的指导下，将“育人”作为高校教育之本的理念也达成广泛共识，高校思想政治教育把促进人全面发展、提高学生的综合素养放在了尤为突出的位置。迄今为止，可以说高校思想政治教育已经取得了长足的发展，内容与方法也始终围绕立德树人的根本任务持续创新，直到 2014 年课程思政理念的提出，高校思想政治教育面临着全面的改革，将思想政治教育内容融入专业课程中正式成为高校进行思想政治教育的必要途径。至此，全国各高校、各专业纷纷围绕课程思政理念展开全新的理论研究与实践探索。

2.课程思政的内涵特征

课程思政是加强对高校思想政治工作的价值导向、内容建设及科学方法的全面深入研究。首先，其基本内涵是指大学所有专业课程都具备双重功能，即培养专业知识能力和思想政治教育。也就是说，高校中的所有课程都承载着培养学生人格的作用。因此，就课程思政建设而言，课程目标、课程内容、课程方案、课程评价等课程的基本要素要凸显德育价值；就课程实施而言，教学主课堂、校内和校外实践等具体操作环节要凸显德育价值。总的来说，就是要将德育渗透教育教学的全过程。其次，课程思政的特征是以“润物细无声”的方式对学生进行指引，结合专业课程内容之后达到显性与隐性教育相结合的目的。课程思政建设强调不要改变专业课程的本来属性、不要将专业课改为思政课的模式、不要将思政内容强加于专业课堂中，要将价值观塑造寓于知识与能力的传授和培养中。

总的来说，课程思政是加强并改进高校思想政治教育整体工作的必然要求，其改革是为了实现思想政治教育与专业知识体系教育的有机统一，使高校学科教学回归到“育人”的本真目的。2017 年 12 月，教育部党组印发了《高校思想政治工作质量提升工程实施纲要》，首次在全国性教育文件中提出课程思政一词，并明确指出“大力推动以‘课程思政’为目标的课堂教学改革”。2020 年 5 月，教育部发布了《高等学校课程思政建设指导纲要》，非常明确且具体地指出了课程思政建设中各项工作的实施策略，为各高校的实行指明了方向。至此，“课程思政”已引发了明显的辐射效应，引起了全国各大高校的高度重视，课程思政的改革实践也就此进入了上升期。据调查，目前管理学、经济学、法学、艺术学、历史学、教育学、哲学等高校专业学科有诸多课程思政的成功案例。例如，华东师范大学等高校开展了课程思政示范课教学及系列讲座，这些都成为舞蹈教育进行课程思政建设的先进经验与参考案例，其反映的正面效果也证实了课程思政能够有力增强思想政治教育在舞蹈教育中的积极作用，大大提高教学的有效性。基于此，高校舞蹈教育应在学习与借鉴中尝试融入课程思政并逐渐普及。

彭克清指出，山东省有丰富的红色文化资源，对高校思政教学应该起到举足轻重的作用，但是怎样把山东省的红色文化融入高校思政课堂，成为当前山东省红色文化和高校思政教学中的一大难题，并且在将两者进行有效融合的过程中，要使学生能够对红色文化有所了解，继承红色文化，更应该弘扬红色文化的优良传统，它并不只是思政课堂中让学生全部理解那么容易。要使红色文化和高校思政课堂有机融合，就必须从理论研究入手，通过对历史的追溯来认识红色文化的内涵，并以此为基础进行分析和总结。把红色文化贯穿于思政教学始终，将思政教学贯穿于学生的日常活动中，才能够打造出具有价值的高校思政教学，山东省是红色资源大省，既拥有红色资源，又具有思政教育独特优势，还有种种难题有待破解。

张建成曾提到高校课程思政融入历史学专业的实施路径，其一，不断优化“历史学 +”专业的育人机制，充分发挥协同优势，积极推进课程思政建设；其二，不断加强专业教师思政能力和专业课程思政教学体系的构建，通过教师和课程的双重引育，推动课程思政建设的深入开展，为培养全面发展的人才提供更好的教育环境；其三，不断推进将历史学的知识和思想与创意、创新、创作、创业等相结合共同建设，通过理论与实践相结合的方式，在校内、校外两个渠道积极开展，促进课程思政建设的落实。临沂大学全面落实道德素质培养根本任务，积极探索科学、合理、实用的方法，将课程思政融入历史学专业教育机制中，它为我国地方应用型院校历史学专业人才的培养与构建提供了新的思路和模式。

周春燕分析研究了毕节市高职院校健美操课程的思政建设与开展情况，发现专业课教师都意识到了将思想政治融入教学的重要意义，但教师的实施程度还比较低，学生对于健美操课程思政建设重要性认识不足、获得感和成就感不强，其根据具体问题提出了建议，其一，推动专业的学科建设；其二，深入挖掘学科的思政内涵并形成高级认知；其三，逐步实现思想政治要素与专业相融合等。

刘诗含研究了黑龙江省课程思政示范高等院校的课程思政建设情况，并对其进行了归纳，得出一些有益的结论，指明了当前我国课程思政建设还面临两个问题：一是课程思政建设的优势并没有得到很好的体现，没有形成鲜明的特点，各高校应深入挖掘课程思政元素，制订具有本地、本校、本专业课程特色的课程思政方案；二是缺乏科学、系统的课程思政建设成效评价体系。

3.课程思政的基本理论

（1）课程思政的相关概念

随着时代的发展，我国对高等人才的需求不断扩大，“培养什么人”“怎么培养人”是高校面临且必须解决的问题，思想政治教育作为高等教育中的重中之重，必然要做出改革与创新。课程思政的提出就是建立在高校思想政治教育工作多年的积累与沉淀之上的。

首先，课程思政是一种全新的教育教学理念。它不是一门特定的课程，也不能将其归结为高校新建立的一门学科，旨在各种专业、各种课程中凸显其本身的思想政治教育功能。高校的专业种类繁多，在明确课程思政之前，高校进行思想政治教育的方式大多以思政课程为主，教学途径的单一化已然成为高校思想政治教育存在的问题。因此，课程思政要求充分发挥专业课程的德育功能，运用德育学科的思维方式将蕴含在专业课程中的文化价值提炼并转化为有效教学载体，学生不仅可以在专业课程中学习到专业知识与技能，还能得到世界观、人生观、价值观的引领。

其次，课程思政以提高人才培养能力为主要目标。“立德树人”是高校的根本任务，高校培养人才的成效将是检验高校一切工作的根本标准。因此，高校必须形成价值塑造、知识传授与能力培养“三位一体”的教学体系，全面推进课程思政建设，促使学生成为全面发展且德才兼备的优秀人才。

最后，课程思政涵盖许多内容。课程思政是以推进习近平新时代中国特色社会主义思想为主线，将政治认同、国家意识、文化自信、道德修养等作为重点内容，系统进行社会主义核心价值观教育、法治教育、中华优秀传统文化教育及职业道德教育。由此可见，课程思政建设中内容重点的设计要在坚持正确政治方向的基础上结合学科中的固定内容有意并有效地将思政教育纳入整体教学布局中，进而达到专业教学与思政培养同步进行的目的。

舞蹈作为一门艺术学科，德育在舞蹈课程中的具体体现包括四个方面：

一是以提升学生的综合素质为核心，丰富学生的个体经验；二是在教学过程中坚持以学生为主体的原则，通过舞蹈动作、剧目等能引起舞蹈专业学生共鸣的事物来传达特定的思想感情和思政内容；三是激发学生的情感态度，通过教学引导学生树立正确的思想观念与健全的人格；四是强化学生的情感反应，使学生自觉弘扬并践行社会主义核心价值观等课程思政的相关内容。总的来说，课程思政建设是覆盖全国各高校的改革推进工作，有助于提高高校的人才培养能力，从而进一步提高立德树人的成效。

（2）思政元素

思政元素以“思想”为中心，定位于“政治”，以“育人”为本。从理论层面来看，“思政元素”与“思政课教学”之间存在逻辑关联，但两者又有不同的功能指向。第一，思政元素作为思想性教育元素，它既有精神内涵，又有文化特征，它承载着共产主义理想信仰的基本价值观，也承载着中华优秀传统文化的品格基因，同时，它要与其他要素相融合，成为一个有机整体。第二，思政元素是一种具有突出的意识形态属性与政治属性的教育要素，更要把理想信念作为核心，以爱党爱国、热爱社会主义、热爱群众、热爱集体为主线。第三，思政元素具有品行修养与人才培养诉求，具有育人性的教育元素。所以从理论上来说，所有包含于专业知识体系中，具有价值指导和品行培育功能的教育元素，所有和立德树人根本任务这一价值追求相统一的资源，均可看作思政元素的一种体现。课程思政中的思政元素是具有实际操作性的，需要教师根据学科特点和学生需求进行细致的分析和设计，通过分析和挖掘相关的思政资源，将其融入课程中，只有通过深入挖掘思政资源，使其与课程内容相结合，才能真正发挥思政教育的作用，使学生能够在学习知识的同时，进一步提升自己的思想境界和品格修养。课程思政就是要将思政元素融入课程教学全过程，使其成为贯穿课程始终的育人因子，包括各门课程的教学体系、内容、过程与方式所包含的思政理念、内容、载体功能、资源等思想政治教育要素。

总之，课程思政所蕴含的完整思政元素和内涵为其合格构建提供了理论依据。教师在具体教学实践中可以通过理论联系实际和案例教学法等方式实现对思想政治理论课课程思政的有效融入。结合本次研究，笔者把思政元素定义为以理想信念为核心，以爱党爱国、热爱社会主义、热爱群众、热爱集体为主线，以育人为首要目标。

随着课程思政这一概念逐步扩展至高校的各学科、各专业，体育类课程的思政研究同样受到了重视。作为一种新的教学形式和教学模式，体育课程思政是指通过对学校体育课中涉及德育内容的思想政治教育活动进行整合，使之融入课堂教学中，实现育人目标。常益从高校体育课程到思政教育的角度出发，较早提出了体育课程思政的学术观点。常益以体育课程为例，从实现“思政”的目标、承载“思政”的价值、丰富“思政”的内容、宣传“思政”的理念等方面，综合论证了体育课程思政的育人功能，并在此基础上，提出体育课程思政导向目标、体育课程内容、体育课程评价标准三个层面的策略性意见，认为要注重“以人为本”，强调人的全面发展和个性化需求，要在体育课程中多进行成就与挫折教学，体育课程的评价应包括教师与学生的评价。

在天津体育学院编辑部举办的体育课程思政专题论坛中，王秀阁对课程思政在体育教学中的若干基本性问题进行了理论上的讨论，并对其看法进行了阐释。杨祥全在宏观上，对“自信自强、不畏强敌、顽强奋斗、永不放弃、团结一心、爱国奉献”的思想进行了全面分析，对“德、军、厚”和“习太极，必先习书”的思想进行了剖析，其文章主要强调了要保持自我学习、自我超越的精神，以激发学生的自信心和勇气。赵富学从不同角度对体育课程思政进行创新解读。首先，他从“立德指向”“责任”“体系”“过程”“功能”五个维度出发，对“五个维度”下的“五个层次”展开了系统分析，并对其进行了实证研究，进而提出了“以马克思主义为价值引导”“以人为本”“以人的素质为本”的理论构想。其次，他从课程思政的视角，对体育教师的思想政治素质的形成机理、思想政治素质的核心内涵、思想政治素质的培养路径进行了探讨，并对思想政治素质的培养提出了建议。

王钮、孙延林、戴群、吉承恕、高永强等学者从学生个体的本能成长需要出发，通过对运动心理学及相关理论和实践课程中学生的主动性、成就感等心理能力的贡献价值进行探讨，最终构建了适应体育教学学科特点并符合学生成长规律的育人体系。这一体系以培养学生的创新思维能力、创新实践能力和创新技能为目标，以激发学生的学习兴趣和积极性为重点，充分发挥教师的主导作用，激发学生的学习兴趣，充分发挥课堂教学的作用，有效提高课堂教学效果，同时培养学生的创新精神、实践能力和创新技能，使学生掌握更多知识和技能，实现全面发展。夏贵霞、舒宗礼借鉴华中师范大学的教育实践理念，为构建我国普通高等学校体育教学素质提升机制的新思路，并通过“识、技、体、情、德”对体育类课程进行承载与融合，构建了高校体育课程育人质量提升体系。

另外，王佃娥还从体育教育、运动训练等方面，探讨体育课程思政的理论基础，认为教师应该充分利用体育学科中的思政元素，引导学生树立正确的价值观和道德观，让他们在体育课程中获得良好的思想政治素质。张洋、魏军从教师队伍的思想政治建设、育人要素的挖掘、实践途径的拓展等角度出发，分析了当前我国高校体育课程思政建设中所面临的困境以及应注意的问题，并指出了当前其发展的思路与理论空间。同时，刘纯献、刘盼盼从内容、特点和难点三个方面对我国高校体育教学中的思政部分展开了深入分析，对其存在的问题进行了有益探索，具有一定的指导意义。

李骏、党波涛从文化节目《中国诗词大会》和电视剧《人民的名义》中，对这两个新的全媒体产品的利弊进行了细致剖析，并提出了将大学艺术类专业课程应用于思想政治教育的构想。在“大思政”视野下，构建“系统性、开放性、传承性、个性化”的大学艺术专业课程思政的实践模式，为大学生专业课程思想政治教育的实践提供了新的思路和方法。

综上所述，近年来，课程思政和思政元素已成为我国高校体育教学的一个热点学术课题，并有良好的发展势头。与此形成鲜明对比的是，舞蹈类课程思政和思政元素虽然取得了不少成果，但是科研贡献的程度仍有待提高。

因此，将“以美育人，以文化人”的理念转变为“立德树人”的价值导向，是一个更现实的问题。

（3）人本主义的基本理论

最早运用“教学论”一词的德国教育家拉特克认为，掌握教的技巧是教学成功的基本条件，除此之外，捷克大教育家夸美纽斯还在其著作《大教学论》中，深刻分析现代教育的基本原理与原则。随着学术界对教育理论的深入探究，在教学领域中也开始呈现“百花齐放”的局面。在这一过程中，人本主义教学理论产生和发展，是目前影响我国教育实践的一个重要理论。“以人为本”的教学理念的产生，打破了以往以“应试”为核心的传统社会模式，强调人的素质教育，强调自由和全面发展，是教育的变革，是对教育本质的回归。弗洛伊德从心理分析的角度出发，认为当代教育应当以培养学生全面发展的人生观和健全人格为目的，使之成为有利于社会发展的人。从心理学的观点来看，人本主义教育提倡人的全面发展，提倡在教学中培养学生的思想、态度、情感和价值观。人本主义教育理论认为，一个人要具备优秀的学习和理解知识的能力，同时要有良好的情感态度和正确的价值观念。而教育的主要任务在于创造机会，对学生进行个人品质和价值观的正确引导与培育，使其全面发展。

目前，有的高校在舞蹈专业课程的教学中依然存在偏重技术动作教授、轻精神价值引导等问题，舞蹈教育工作者关于对人的全面发展的认识还不够深刻和透彻。舞蹈专业课程应以人本主义教育理论为核心，充分尊重学生个体潜能，引导学生的思想和价值取向，符合“以人为本”的发展原则，促进学生的全面发展。人本主义教学理论，也称为“非指导性教学理论”，由美国的人本主义心理学家罗杰斯提出首次提出。其强调人具有学习的动机，均可以明确学习需求；倡导将学生放在教学的中心地位，重视学生的个性和自主性，并通过帮助学生发现和运用自己的潜能来实现教学目标。教学一定要面向学生，教师要善于创设问题情境和提供丰富材料，成为每一名学生的人生与学习过程的促进者。教学的最终目的是促进学生的个性发展。

高校的舞蹈课程中，教师在学生学习中起引导的作用，给学生们提供了一个解决现实问题的“范本”，以学生为本，教学相长。在课堂教学上，教师通过各种手段提高教学质量，让学生主动参与教学活动；在学习过程中，教师帮学生解决问题，在教师协助下学生自主完成训练计划，并制订课外活动计划，已经不是教师下达任务，而是由学生挑选适合的任务，在教师真诚帮助、学生宜于接受的气氛下，学生根据自己的计划，学有所成，更加相信自己，有助于实现自我价值，激发创造潜能。

（4）“三全育人”的基本理论

《关于加强和改进新形势下高校思想政治工作的意见》首次提出“三全育人”概念，即对学生进行全员、全程、全方位教育。“三全育人”并不仅属于德育思想，也是一切教育活动中必须共同奉行的教育观念。其强调的是一种整体性的、系统性的思想教育模式，不仅是单一的课程、单一的教师、单一的教学方式，而且以“全员”为基础、以“全程”为依托、以“全方位”为目标，通过多种形式、多种方式来落实教育目标，全方位培养学生的思想品德和综合素质。“三全育人”中，对学生价值观形成和导向起重要作用的人，不仅包括辅导员、政治教师，还包括党团干部、行政干部、退休职工等。

“全员育人”对应的是新时代高校育人的主体，也就是由谁负责培养大学生。在此背景下，高校育人的主体有广义与狭义之分。从广义来说，全员包括学校、家庭、社会以及学生在内的四类主体组成的育人共同体；从狭义来说，全员是指学校内部的教育主体，由教职工、学校管理者及学生本人组成。“全程育人”，即高校育人时间维度限制，要求大学所进行的思想政治教育活动，必须把育人作为首要目标，贯穿于学校学习的全过程，这一过程包括从入学至毕业、由课堂到课外，在每一个环节，各高校都应有序开展学生的思想政治教育工作。“全方位育人”就是思想政治教育的空间教育，是大学非常有必要的育人视角与机制，需要大学通过对多种空间、环境资源的统筹与运用，促进大学生进行全方位的思想认知提升和价值观念转化。

（5）立德树人的基本理论

立德树人，其根本内涵在于树立德业、培育人才。以德促人、修德成人为立德树人提供了价值遵循。立德树人要以学生为中心、以生为本、以人为本、德育为先，重在培养学生具有良好的品德素养。其要求高校要坚持以社会主义核心价值观为引领，把道德建设摆在学校一切工作的首位。立德树人是教育最基本的任务，道德品质对于个人的发展和社会的进步至关重要。所以，道德品质在人的全面发展中不容忽视。

高校舞蹈专业课程应该把“以落实立德树人为根本，坚守教材育人初心”作为基本定位，课程设置应该充分考虑学生的个性化需求和专业发展方向，将思想政治教育全面贯穿于体育舞蹈专业课程设计的始终。在高校体育舞蹈课堂中，专业课教师应坚持以马克思主义为指导，施展、阐发与践行社会主义核心价值观，指导学生形成对世界与国家发展局势的正确认识。

（6）社会中心课程理论

课程论是把课程当作一个对象来进行专门研究的一种理论学说。课程理论随着课程实践的发展而发展，并不断地繁荣与分化。泰勒于 1949 年出版了《课程与教学的基本原理》，该著作从教育目标、教育经验、经验组织、目标实现四个方面对课程原则进行了论述。

社会中心课程理论把课程设计的重心放在社会现实问题上，强调把课程、社会与教育联结起来，使学生从课本和作业中解脱出来，通过社会实践提高他们解决社会问题的能力。这个课程论的观点突出了在现实生活中获取知识与能力的重要意义。布拉梅尔德是“社会中心”课程理论的代表人物，他认为，教育肩负着推动世界变革的重任。这为舞蹈教学的思政改革提供了理论基石，改变了过去唯技术动作、唯分数论的教学态势，提高了学生的人际交往能力、实践能力等。在组织形式方面，以社会性为核心的课程理念提倡“以人为本”的设计教学方法，特别是在小组活动中，要创造环境，让学生朝着同一个目标前进，并充分发挥团队合作精神。在角色定位方面，以社会中心为核心的教学理念是：教师是团队建设和合作环境的推动者。从多个角度出发，结合“社会中心”的思想，开展中国民族民间舞专项课程、对中国民族民间舞专项课程进行改革。第一，课程理论强调课程、教育和社会的关系，认为教育是改变世界的一种希望。这充分表明了“社会中心”的课程理念在当前教学实践中起到了很好的促进作用。在进行舞蹈课程的思考时，教师要确定舞蹈课程的思政目标，在传授知识和技能的同时，教师运用思想政治因素对学生进行思想引导，实现立德树人的时代使命，为国家和社会提供人才。第二，“社会中心”的教学理念提倡在教学实践中合作交流、团结协作。这为舞蹈课程的实施在方法上提出了一种可能的途径，即在教学过程中，教师要善于引导学生在具体的教学实践中理解其所涵盖的育人价值，充分利用中国民族民间舞专项课程中小组或集体活动的形式，让学生亲身体验合作、互助等生活品质的重要意义，以“合作美”来“创造美”。

第二节　高校舞蹈教育的相关概述

高校舞蹈教育始于早期的舞蹈专业教育。新中国成立之初，受到苏联早期专业人才培养模式的影响，我国舞蹈专业教育的大门正式打开。在中等职业舞蹈教育、职业舞团、专业舞者的铺垫下促成了中国高等舞蹈教育的起步与发展。改革开放以后，受改革开放思想及相关政策的影响，我国高等教育事业逐渐被重视。由此，我国正规的高等舞蹈教育正式拉开帷幕。

1.高校舞蹈教育的发展脉络

高等舞蹈教育体系建设于 20 世纪 50 年代进入前期预备阶段。新中国成立之初，我国教育事业的发展空间逐渐扩大，舞蹈专业教育也呈现出前所未有的局面。1950—1977 年，我国舞蹈专业教育主要分为舞蹈团体、舞蹈训练班及中等舞蹈职业学校，主要以培养舞蹈专业人才、舞蹈教员为主，其间为高等院校的师资团队培养了大批优秀的舞蹈专业教师。在这 20 多年间，艺术院团和中职院校的酝酿与积累为未来高等院校舞蹈教育的繁荣发展做出了巨大贡献。

自 1977 年恢复高考，高等院校舞蹈教育迈入了早期发展阶段。1978 年北京舞蹈学校改名为北京舞蹈学院，这标志着中国舞蹈教育迈入更高水平。这时的高等舞蹈教育处于过渡阶段，仍然延续了早期专业型人才的培养模式，其教育内涵还未成熟定型，但北京舞蹈学院经过多次调整逐渐形成较为稳定的专业类型与教学结构，其实践与探索的经验为中国高等舞蹈专业教育的可持续发展奠定了坚实的基础。至此，全国各高校也开始探索舞蹈专业人才培养模式，纷纷建立舞蹈学科。

20 世纪 90 年代，高等舞蹈教育迎来了发展的黄金时期，直至 1997 年我国开始招收舞蹈学博士研究生，高等舞蹈专业教育已经发展形成专科、本科、硕博研究生四个教育层次，呈现出稳步发展的总体特征。同一时期，舞蹈系、舞蹈专业及舞蹈课程逐渐出现在各类院校中。1988 年沈阳音乐学院完成了向高等舞蹈教育的转变并于 1990 年建立舞蹈系、1997 年上海戏剧学院舞蹈系成立、1998 年首都师范大学建立舞蹈系、1999 年中央民族大学招收舞蹈教育本科生，等等，这些标志着高校舞蹈教育正在快速发展，高层次舞蹈人才的培养也不再局限于北京舞蹈学院。随着社会的不断发展，“美育”及“素质教育”复苏，重新获得人们的认可。1999 年 6 月，《关于深化教育改革全面推进素质教育的决定》凸显素质教育的地位，随之而来的是提倡面对全体学生开展舞蹈教育的理念，即普及型舞蹈教育，旨在真正实现美育的意义。此时，全国范围内的师范类院校、综合类大学逐渐建立舞蹈专业学科，如天津师范大学、重庆大学于 2000 年成立舞蹈系等。可以说，这一阶段的高校舞蹈教育已经从早期以培养舞蹈家为目标的专业型教育模式逐步转为培养德、智、体、美、劳全面发展的综合型人才。

21 世纪，艺术学成为独立的学科门类，舞蹈学科的定位发生了变化，形成了培养各类型高层次舞蹈人才的培养框架。据调查，截至 2021 年 6 月，全国 3005 所高校已有 200 多所高校招收舞蹈专业的学生，其中包括舞蹈学专业、舞蹈表演专业、舞蹈编导专业。高校舞蹈专业教育规模的逐渐扩大不仅满足了学生对高等舞蹈专业教育的需求，也体现了高校舞蹈教育美好的发展前景。

2.高校舞蹈教育中思想政治教育的发展历程

在素质教育理念逐渐完善和广泛运用于高校的背景下，德育作为其中一项重要内容对于持续优化高校各专业学生的思想道德修养具有重要意义。自高校舞蹈教育体系建立以来，德育始终占据舞蹈专业教育的首位，培养全面发展的优秀舞蹈专业人才一直以来都是高校舞蹈教育的根本任务。这时的德育培养机制也为未来课程思政实践的顺利进行并取得收益提供了重要依据。然而，在课程思政理念提出以前，高校舞蹈教育没有涉及“隐性渗透”“思政元素”等与课程思政相关联的词汇，其思想政治教育过程是以舞蹈专业学生特点为出发点进行的，且符合当时高等舞蹈教育实际的发展。基于此，本部分主要探讨在课程思政提出之前，高校舞蹈教育中德育的大概情况，包括德育内容、德育途径和德育特点等方面。

首先，在课程思政理念提出之前，高校舞蹈教育也包括思想政治教育的内容。吕艺生在《舞蹈教育学》中指出：“舞蹈教育的德育大致分为马克思主义世界观、人生观、爱国主义教育、传统美德教育几个方面。”其根本目的是坚定学生的理想信念并培养其良好的道德品质。其次，在课程思政理念提出之前，高校舞蹈教育进行思想政治教育的途径主要分为教学计划内规定的品德课、专业课、文化课等第一课堂途径和社会实践、课外活动等第二课堂途径。第一课堂主要以教师言传身教的方式进行，在凸显舞蹈教育艺术特征的同时帮助学生树立正确的观念，从而延伸到树立正确的艺术道德观、审美观等，除此之外，教师还要带领学生了解更多专业之余的科学文化知识。第二课堂主要是根据舞蹈专业特征组织课外的艺术实践或社会实践，包括参与大型演出、参加访问、座谈会等，目的是让学生接触社会并从中潜移默化地提升自身的道德品质修养。最后，在课程思政理念提出之前，高校舞蹈教育德育过程的特点一是坚持学生的主体地位，德育过程必须做到结合舞蹈专业学生的思想实际并且教学要能充分调动学生的积极性；二是协同校内外教育途径，让学生从学校之外的各种有利途径接受德育影响；三是在舞蹈教育教学过程中要注重德育的渗透，可以体现在教学内容、教学管理或是教师的言行中。

由此可见，在课程思政理念提出之前，德育就在整个舞蹈教育体系中发挥着至关重要的作用，发挥着优化舞蹈学生的思想品德与促进学生人格完善等多方面作用。随着高等教育要求的逐渐完善，舞蹈教育中的德育过程也不断调整与补充，课程思政理念的提出更是为高校舞蹈教育的学生培养工作注入了新的活力。对于高校舞蹈教育来说，课程思政理念的提出为舞蹈教育活动创造了进一步发展的空间，让以培养技术为主的专业教育充分达成“艺术专业课程育人”的目标，从而支持并确保高校舞蹈教育在实践中切实获取最优的综合效果。

3.课程思政视角下高校舞蹈教育的优势及特点

21 世纪以后，无论是教育理念还是学习理念都在发生变化，时代对全面发展的舞蹈人才诉求也愈加强烈，舞蹈专业教育作为我国高等教育中的一项重要内容应当体现舞蹈艺术对国民素质的健康影响，进一步实现对人格的完善，坚持高水准的专业教育与人的全面发展目标合二为一。

自课程思政理念提出至今，我国高等教育的育人工作呈现出稳步前进的趋势，思想政治教育的地位进一步提高，可以说课程思政时代的到来为高速发展的教育事业指明了方向、明确了思路。据调查，目前课程思政理念已被广泛引入高校艺术专业教学中，例如，中国石油大学的“音乐审美与名曲博览”、江西财经大学的“红色经典歌曲赏析”、汕头大学的“艺术与实践”等课程，这充分说明教学观念的持续更新为高校专业教育提供了理念的支撑与学科再建构的前提条件。

高校舞蹈教育要实现从思政课程到课程思政的转变无疑是一项开创性工

作，也是其难点所在。创新观念、创新方法、创新内容等都是课程思政实践的主要任务，因此，对舞蹈教育本身特点有充分的认知将是此项工作的重要突破口。高校舞蹈教育应充分发挥自身的优势与特点并努力寻求思政元素的挖掘点。从高校舞蹈专业的教育教学特点与发展特征来看，利于课程思政实践的优势及特征大致表现为以下三个方面。

（1）以人体动作为主要表现手段——实践性

舞蹈艺术是以人体动作为主要载体的，高校舞蹈专业教育同样以人体动作为主要教学手段。结合课程思政理念来说，此特征突出的是舞蹈教育的实践性，与思政教育中强调的“理论联系实际”“实践是检验真理的唯一标准”的思想相符合，因此，身体的优势可以在一定程度上促使舞蹈教育课程思政的形成。舞蹈学生在受教育过程中需要进行长期、不间断的练习与操作，使自己的身体具备能够完成舞蹈技能的条件，在此过程中学生不仅可以掌握各种舞蹈动作，还可以体会实践的重要性并锻炼毅力与培养坚忍不拔的精神。同时，舞蹈是以各式各样的人体动作姿态形象所组成，所以舞蹈教育具有形象直观的特点，可以借此发挥舞蹈艺术的优势，中和课程思政体现的隐性渗透法，将不易表达、不易被舞蹈学生理解的思政内容转化为身体语言，用舞蹈的情感带动并促进学生对理论知识的理解，发挥舞蹈“以情动人、以情育人”的特点与作用。由此可以看出，实践性的特质是舞蹈教育课程思政中可以深入挖掘的切入点。

（2）舞蹈种类与形式的多元化——多样性

艺术专业课程思政的主要目标之一就是引导学生自觉地弘扬我国的优秀传统文化，舞蹈艺术在这方面有得天独厚的优势。高校舞蹈教育的专业课程可分为理论课与实践课，二者是相互补充、相互作用的。其中，中国古典舞、中国民族民间舞等实践课中的固定课程是弘扬我国传统文化的有利途径。思政课程中对我国优秀传统文化的讲授一般是以讲或看的方式，而舞蹈教育却可以让学生切身体会与感受，其作用一定会大幅增强。不仅如此，舞蹈教育还可以借助一些校外优质教学资源，如民间采风或搜集老一辈艺术家的口述史等，让学生更深一层地了解舞蹈的文化背景、理解舞蹈中蕴含的文化内涵，通过各方面的积累提高舞蹈的表现力以及增强学生对中国传统文化的认识。因此，高校舞蹈教育可以发挥课程多样性的特点，通过各种课程中传输不同思政内容，以提高学生知识的全面性。

（3）舞蹈教育独特的教学方式——兼容性

由于舞蹈教学的载体为人的身体，其教学方式是不同于其他以书本或是多媒体为教学载体的一般学科，舞蹈教学采用“口传”与“身授”并用的方式，这说明无论在舞蹈教育教学过程中传授什么样的知识，都可以用两种及以上的方式进行，充分凸显了舞蹈教学方式的兼容性，既可以用口头传达的方式传递理论知识，又可以增添身体动作以提高学生的肢体表达能力、理解能力。课程思政强调将思政内容以隐性渗透的方式进行教学，重要的是引导学生，而不是将内容强制灌输给学生或是硬搬到课堂中。基于此，舞蹈教学既可以通过动作的教学将舞蹈文化知识进行传递，还可以将社会主义核心价值观等内容化为课程中的隐性元素，让学生在不知不觉中提升内涵。

综上所述，舞蹈教育过程的手段具有实践性，内容具有多样性，方法具有兼容性，这些舞蹈教育本身具备的特点可以为高校舞蹈教育课程思政的实践提供便利。因此，将思政内容作为舞蹈教学中的固定内容之一、将隐性渗透的教学方式作为舞蹈教学的创新方法，使隐性的思政内容在舞蹈教学课程中得到深入感知与隐性贯彻，从而进一步深化思政教学是高校舞蹈教育中发展课程思政的重要举措。

第三节　高师舞蹈课程与课程思政融合的逻辑

课程思政理念就本质而言，仍是一种教育，是为更深入、更无声地实现立德树人的教育。欲“育人”则先应“育德”，我国千百年来对于教育的潜在主流要求从未更替，对于万千学子的教育，一则高度重视，二则大力普及，三则巧妙运用科学的教育理念与教学原则。自古无数往圣先贤就已然总结出如有教无类、因材施教、教学相长、温故知新等教学方法论，先贤学者们对于学思互助、知行同一的要求更成为当今社会教育领域切实可考的模范理念。在我国传统的教育中，无论是知行同一还是学思互助，其本心皆为培育具有健全人格、高尚品德的君子，塑成修身、齐家、治国、平天下的栋梁。时代的更迭与社会的衍变或许改变了教育的背景与环境，但并未真正改变教育的本质。教育者均是从学子时代成长而来，对于下一代的教育理当稳扎稳打，从日后为师者起步，为下一代增添福祉本节以高等师范院校（以下简称“高师院校”）舞蹈课程与课程思政融合为例，分析舞蹈课程与课程思政融合的缘由与原则。

1.舞蹈课程与课程思政理念融合的缘由

《关于进一步加强和改进大学生思想政治教育的意见》明确指出，要大力加强学生文化素质教育，把德育、体育、美育有机结合起来，寓教育于文化活动之中。课程思政理念与高师舞蹈课程教学的融合是全国舞蹈高等教育进行改革的一大举措，高师舞蹈专业所培养的人才应担负起我国舞蹈教育领域未来发展的重担，对于高师舞蹈专业学生思想的培育至关重要，而课程思政正是实施高师舞蹈专业思想政治教育纲领性理念与主导性思想。

（1）思政教育入课程的必要性

基于当前“课程思政”的教育理念，以及高师舞蹈专业教学现状，思政教育元素与高师舞蹈课程的融合显得十分必要。依据高师舞蹈专业翘楚院校的培养目标与教学理想和国内高师舞蹈思想政治教育现状进行比对分析，目前我国高师舞蹈课程思政仍有进一步的发展潜力与提升空间。

1）思政元素融入高师舞蹈课程的现实意义

课程的实施需要科学的理念引导，在课程思政理念的引导下，高师舞蹈专业的教学将更好地实现从“技”向“道”的转变。在目前的高师舞蹈教学中，我们首先须厘清高师舞蹈专业最初的教学理想与培养目标，即培养能够进行舞蹈教学和研究的优秀教师、教育管理者和未来教育家，对于未来投身舞蹈教育行业人才的培养，也应首抓其思想教育，才能确保我国未来的舞蹈教育平稳有序发展。对于学生的教学时间仅有四年，因此对于未来教育人才的思想政治教育刻不容缓。欲在有限的时间内，实施更深入、更潜移默化的思想政治教育，就需课程思政理念的引导，将思政元素科学式、细化式地融入课堂。在学科体系、学术体系、话语体系不断完善的大背景下，思政元素的融入使得高师舞蹈课程与中国特色化思想政治教育有了更多契合之处，丰富了课程思政理论体系，厘清了高师舞蹈课程对于学生思维培养以及从“技”向“道”转变的理论逻辑。

2）思政元素融入高师舞蹈课程的现实困境

课程思政理念要求当代高师舞蹈课程须兼具专业性与思政性，舞蹈艺术作为以人类身体语言表达情感的艺术，就决定了其肢体主导性的特征，高师舞蹈课程不仅包含舞蹈史论课程，而且包含以亲授型课程为主导的实践课程。比如，在“古典舞基训”“芭蕾基训”“舞蹈编导”等课程的教学中，思政元素的融入就显得尤为困难。再加上各所院校舞蹈专业课程授课内容与授课方法的不同，因此思政元素在专业课程中的切入点也实难同一。再者，课程思政理念发展并不长久，对于诸多高师舞蹈专业的教师尤其是资历深厚、年岁较长的教师而言，对于课程思政理念的接受程度与准备程度也存在较大差异，因此每堂专业课的思政元素融入量差异较大，因而其思政元素传授也无法保质保量。对于学生而言，由于长期舞蹈艺术思维培养弱化，大部分学生的行动潜能尚处于待激状态，对于思政元素的兴趣不大，更向往个性化、自由化学习，这就导致授课群体的积极性差异较大，因而目前高师舞蹈课程思政理念面临着较多困境。

（2）思政教育入课程的可行性

从当今社会舞蹈高等教育的背景与环境来看，教育领域所提的课程思政显然具有极其重要的现实意义，思政教育融入高师舞蹈课程至关重要，也切实可行。

1）舞蹈艺术与思政教育的文化共通属性

中国的舞蹈艺术自远古时代发展而来，博大精深，源远流长。在历史发展脉络中，随着人类社会的孕育和衍变，无论是古代西周雅乐、魏晋清商乐、隋唐七、九、十部乐或宋代队舞、明清戏曲舞蹈，还是现当代五十六个民族风格迥异的民族民间舞，乃至源于戏曲、敦煌壁画及汉唐古籍的各派中国古典舞，都无可厚非地彰显着中华民族自古至今的社会生活、风俗习性、性格意绪及审美倾向，是华夏文明最特异、最鲜明的体现。随着历史沿革，舞蹈艺术无论是在宫廷内还是在民间，其发展态势均较为良好，经几千年文化衍变，形成了丰富多样、纷繁复杂的舞蹈文化积累。自新中国成立以来，随着现代教育体制的构建与革新，舞蹈艺术也经历划分，成为艺术教学领域的一部分。进入新时代，思政教育在课程思政理念的引导下，与专业课程教学日益紧密，对于舞蹈艺术教育来说，其优势不言而喻。舞蹈是以肢体传情达意的最古老的艺术形式，其所具有的文化属性与思政教育不谋而合。从在文化层面看，舞蹈艺术与思政元素在文化属性上是共通的，且中国民族舞蹈文化孕育了大量弘扬主旋律的文化内容，新中国成立后所创作的诸多优秀经典的舞蹈作品，立足于长久以来的舞蹈文化自信，着眼于祖国建设与发展，红色题材舞蹈作品层出不穷，这使得我国舞蹈教学具有较大优势，此类红色题材舞蹈作品，体现了典型的革命精神和深厚的历史文化背景，成功塑造了较多革命英雄人物艺术形象，不仅彰显出先辈的果敢刚毅，更抒写出祖祖辈辈华夏儿女骨子里的爱国情怀，此类红色题材舞蹈作品作为教学素材，无疑是宝贵的思政教育财富。

2）舞蹈专业课程的美育、德育功能体现

广义上的美育即“美感教育”，又称“审美教育”，是通过一系列教学实践提升学习者认识美、理解美、欣赏美、创造美的能力。美育并非功利性的教育，亦非既定性的教育，其教育形式自由而主观。但美育从狭义视角则专指“艺术教育”。而作为“美感体验”的载体，舞蹈教育自然而然成为美育的重要手段。但就近年来舞蹈教育的实际境况而言，美育在幼儿至高校舞蹈教学中虽已形成常态化推行，但仍存在形式化现象，国家对于美育也进行了长时间的改革与调整。较之旧有的舞蹈美育理念，近年来，高师舞蹈课程经过不断调整与发展，愈加注重舞蹈人才个体化培养，强调提高舞蹈人才综合能力。高师舞蹈专业从注重技术化培养到现今日益完善的理论与实践相结合的课程体系制定，从机械化传授课程内容与知识到以兴趣引导辅助课堂教学等方方面面，均体现出高师舞蹈专业课程的美育功能与价值。

高师院校舞蹈课程包含中外舞蹈史、舞蹈艺术概论、舞蹈教育学等课程为主的理论课程，以及芭蕾基训、古典舞、民族民间舞、现代舞、舞蹈编导等课程为主的实践课程，除此之外还包含诸多校内外演出比赛等实践活动。从美育视角来看，芭蕾基训、古典舞、民族民间舞、现代舞等实践课程，可以通过最基本的课堂教学及课下训练，快速并极大提高学生自身技术和能力，同时提升学生对于各个种类舞蹈的认知和理解。中外舞蹈史、舞蹈艺术概论及舞蹈教育学等理论课程，则从理论与思想层面开阔学生眼界，提升学生对于舞蹈本体及舞蹈教育的学识理解与文化感知。至于课内外多种多样的舞蹈实践活动，一方面可以增加学生舞蹈表演经验，另一方面则极大锻炼了学生在参与实践活动时的综合能力。此上种种，均将美育理念深刻融入高师舞蹈课程中，化有形理念为无形课程内容。

高师院校舞蹈专业发展二十余年来，一直秉承“德育”理念，对于道德教育的重视丝毫不亚于审美教育。相比美育，德育教育范围更广，也更具社会性。广义的德育泛指对社会成员有目的、有计划地进行政治、思想、道德层面所施加的影响；狭义的德育则专指学校德育。学校内的德育主要通过既定性的思想政治理论课教学实现，高师舞蹈专业作为高等教育的普通专业，针对学生思想政治教育同样设置了诸如马克思主义基本原理、毛泽东思想和中国特色社会主义理论体系概论、形势与政策等通识课程，但随着高师舞蹈专业的发展，对于学生思想政治的教育与专业课程教育分化日益显露，因而，需要将思想政治教育逐步融入专业课程，实现思想政治教育与专业课程的衔接。

在高师舞蹈教学中，审美教育及道德教育通过较为完善的课程体系体现出来，高师舞蹈专业教学所具有的美育功能决定了思政元素融入高师舞蹈专业课程切实可行，思想政治教育可进一步分解为元素，融入舞蹈专业课程中，依据美育理念指导，实现舞蹈课程思政的理念升华。通过思政元素的融入，高师舞蹈专业课程会更进一步深化道德教育，使原本的高师舞蹈课程实现思想政治意义上的升华。

2.舞蹈课程与课程思政理念融合的原则

高师舞蹈课程思政的建设与探索应以《纲要》为依据，通览此《纲要》可见，课程思政的建设最终应落实到教育的根本问题上，即“培养什么人、怎样培养人、为谁培养人”。对于高师舞蹈课程思政的建设与探索，实际上就是高师舞蹈专业课程与“课程思政”的教育理念相融合的过程，专业课程与“课程思政”理念的融合需要有科学、正确的原则指引，《纲要》为课程与理念的融合指明了正确方向，在高师舞蹈课程教学过程中，思政元素的融入应从整体浸入，延续高师舞蹈专业特色主线，聚焦每堂课甚至每个知识点，由面带线、由线及点、层层深入、环环相扣。

（1）以统筹兼顾为要求的系统性原则

教育历来是个系统工程，是一项长期而细致的工程。依据系统工程思想，高师舞蹈课程思政建设应遵循系统性原则。高师舞蹈课程思政是由若干课程与教学要素组成的具有一定育人功能的有机整体，也只有遵循系统性原则，才能最大限度地保证高师舞蹈专业课程中思政元素渗入的有机性。在高师舞蹈课程与课程思政教学理念的融合与探索中，应注重其整体性、目标性、关联性及动态性。

1）育人体系的整体性把握

课程思政并非独立的课程，也并非单独增设或增开一门课，而是一种综合性的教育理念，是一种具有科学性的课程观念，可以被理解为一种实践活动，是思想政治教育与专业课程协同的育人体系。高德毅曾提出，课程思政是一种全课程育人体系，对于高师舞蹈专业而言，全课程育人的关键就在于“全”字上。要保证思政课程、通识课程、高师舞蹈专业理论课程和舞蹈实践课程各环节的全面与统一，三类课程须形成“金三角”，互关互联，互助互补。

无论是高师舞蹈专业还是其他师范类专业，思政课程的开展与实施都有独立且完善的课程体系。在全课程育人过程中，思政课程应起引领作用，居于“金三角”的顶角位置，发挥其核心价值引领作用，与此同时，高师舞蹈课程及通识课程也应发挥协同育人效应，为思政课程的显性教育适时做好配合与补充，在课程实施过程中进一步做到以饱含思政要素的专业性学识育人、化人。

从宏观角度来看，整体性关注整体与局部关系，以课程体系协调带动各门类课程实施，即“统筹”的过程，把握全局，统筹整体，同时充分协调实践理论、实践课程与活动组织的关系，实现高师舞蹈课程思政最优设计。

2）思政入课堂的目标性洞悉

思政元素融入课程是实现协同育人的关键一步，思政教育的融入过程中，应时刻保持融入目的的明确与对课程目标的洞悉。思政教育的融入是建立在高师舞蹈专业课程既有的思政元素深挖基础上的，在元素深挖与思政融入的过程中，须结合纵横视角，从双重维度入手，对于不同年级学生思政教育目标的设立应因时而进，对于不同种类的舞蹈专业课程目标的设立应因事而化，对于不同时段的舞蹈专业课程育人目标应因势而新，确保思政教育的融入紧靠课程思政理念的育人目标和思政课程的课程目标。

目标性，即厘清思政元素融入各个阶段的具体目标，在思政元素融入课程内容的过程中保持课程思政建设目标与专业建设之初所设定的课程目标相匹配，与发挥核心价值引领作用的思政课程目标相匹配，并从思政教育功能发挥的视角，探索高师舞蹈课程思政的现实性与可操作性。

3）课程思政内部的关联性掌控

高师舞蹈课程与课程思政理念的融合，也应注重在融合过程中各环节的关联。在融合过程中，首先，要保证高师舞蹈课程与课程思政理念紧密贴合，保证课程思政理念对于高师舞蹈课程的转化与升级的理念引领贯穿融合的全过程。其次，要保证思政教育贯穿各门类课程，避免理念游离于表面，飘浮于空中，避免具有核心价值引领作用的思政课程与专业课程脱节，保证每堂舞蹈专业思政课在实施过程中紧扣核心价值观与思政主题。此外，并非每堂专业课都能挖掘出思政元素，发展为与时事政治息息相关的专业思政课，因此要避免同类课程在授课过程中与思政教育的分离，将思政教育平稳有序地融入同类课程中。

关联性，即注重各门类课程之间的联系，避免思政课程与专业课程分化，避免舞蹈课程思政案例课程发展成与专业课程不相容、无关联的孤立课程，使各门类课程在思政元素渗入过程中相互作用、相互影响，使各门课程的总效用强于必修通识化思政课程。

4）高师舞蹈课程思政建设动态性观照

思政教育的融入过程与高师舞蹈课程思政的建设过程应是同向同行的。观照思政教育融入高师舞蹈课程的发展，就应关注高师舞蹈专业课程思政建设的动态性。无论何种专业、何种学段，课程思政建设都是一项艰苦而巨大的工程，是一个需要历经长期不断探索、不断改良、不断创新、不断完善的过程，在此过程中，应着眼于课程思政的动态性，以运动、辩证的眼光看待思政教育的融入。高师舞蹈课程由于专业性较强，其每堂课思政元素的攫取并非一蹴而就，要依据思想政治教育形势，依据课程发展趋势，不断探寻课程中可作为思政元素的知识点，并针对不同学段的学生，采用不同的授课模式和方法。

动态性，即以动态、发展的眼光看待高师舞蹈课程思政建设。将高师舞蹈课程思政建设与探索理解为一个不断变化发展的过程，应清晰察觉到思政元素融入的绝对动态与相对静止的状态转变，并依据高师舞蹈教学规律、人才培养及课程发展规律，应时调整完善各个阶段侧重点与教学方式。

贯彻系统性原则应秉持全局发展观，在宏观层面做到“统筹”，在微观层面做到“兼顾”，确保高师舞蹈专业课程思政建设的有机性，确保思政教育融入高师舞蹈课程的有机性，把高师舞蹈教学看作一个系统工程，发挥各个阶段、各类课程的思政育人潜力。

（2）以师德培育为主线的方向性原则

教育的根本问题即“培养人”的问题，高师舞蹈专业成立二十余年来，一直秉持综合性育人理念与师范类特质。高师舞蹈专业以培育兼顾舞蹈教学、舞蹈表演、舞蹈理论研究与舞蹈编创等多种技能的祖国未来舞蹈教育人才为主，强调培养一专多能、综合发展的人才。未来教育人才的培育需要更加注重其品德素质的锤炼，因此应将师德培育作为主线，保持方向的正确和稳定，将师德培育贯穿思政教育融入课程内容的全过程。

以师德培育为主线的高师舞蹈课程思政建设过程，最重要的即沿着师德培育主线接续前进，确保舞蹈课程与思政教育融合的方向精准无误。课程思政中同向同行的理念正是贯彻方向性原则至关重要的引导性理念。在思政教育的融合过程中，首先要确保“同向”，其次要确保“同行”。“同向”，即保持方向的一致性；“同行”，即保持协同效应的长效性。确保参与到高师舞蹈课程思政建设中的舞蹈理论课、实践课，以及其他各门类的通识性课程与思想政治教育课程同向发力，显性教育与隐性教育协同育人。“同向”是“同行”实现的前提，并为课程的“同行”创造一定的条件，“同行”则作为“同向”的目的，为“同向”作目标指引，且经由“同行”的课程实践，实现各门类课程之间的协同育人效应。有学者提出，欲推动高校思政课与课程思政建设同向，应从三个层面开展，首先要解决的是政治方向的一致性；其次要将育人方向协调与统一；最后要保证学校师生秉持统一的文化认同。

保持政治方向的一致性是实现同向同行的首要条件。在党的领导下，高师舞蹈专业应建设为富有中国特色的高等师范类舞蹈专业，确保高师舞蹈课程思政建设以正确价值观引领，以正确国家观教育和政治观教育输入，新时代的高师舞蹈专业青年培养关乎我国舞蹈文化事业未来的动向和发展，正确的政治方向也将引领未来舞蹈教育人才的发展。在思政理论课程育人主渠道的引领下，还应回答好“培养人”的问题，确保课程思政育人方向的精准。培养学生道路自信、理论自信、制度自信、文化自信，并在此基础上将丰富多彩的中国传统舞蹈文化以及世界优秀文明成果传授给学生，增强师生对中国传统舞蹈文化的认同感。

就高师舞蹈专业而言，思政教育在课程中的融入应坚持方向性原则，在此过程中牢牢把握师德培育这条主线。就高师舞蹈专业的人才培养而言，将师德培育作为线性原则贯穿思政教育融入的全过程，即是对“培养什么人、为谁培养人、怎样培养人”问题最贴切的回答。

（3）以“四因制宜”为基点的求实性原则

秉持统筹兼顾，把握师德培育的主线，离不开求实性原则的基点。求实性原则即求真务实，要求保障好高师舞蹈专业在建设课程思政过程中的实效。在课程思政理念与高师舞蹈课程融合过程中要时时刻刻坚持立足实际、从实际出发，依据不同地区、不同院校、不同课程及不同师生的具体情况来确定具体的融合方案。在此过程中要坚持“四因制宜”——因地制宜、因校制宜、因课制宜、因人制宜，在充分考虑现实因素的基础上探索课程思政理念融合方案。

1）因地制宜——发挥地域文化作用

回顾以往高师舞蹈专业的人才培养，不难发现高师舞蹈专业已然将地域文化发展为独有的舞蹈教育资源并加以利用，使其充分发挥出应有的教学价值。在思政教育与高师舞蹈专业衔接过程中，也应充分利用既有的地域舞蹈文化要素，且在此过程中要将地域文化加以升华，使之与各地区独有的人文内涵和人文精神相契合，而非仅传授舞蹈文化，应从精神层面引导学生，对于地域文化价值的发挥，各院校也应脚踏实地，充分挖掘本地的优秀地域文化资源，保证其教育资源具有独到的地域特色，避免生搬硬套其他院校的教育资源，要培养学生对于自身院校所处地域风土人情的归属感和认同感。

2）因校制宜——发挥校本资源价值

课程思政理念与专业课程的融合，不同的院校应采取不同的融合策略与方法。各个院校由于教学制度、课程体系、培养方案、课程设置等方面的差异，其课程思政具体实施情况也有一定区别。如一味地盲目照搬其他高师舞蹈院校的实施方案，将会使其舞蹈专业课程在思政教育方面的效果大打折扣，也不利于学生自身专业水平与技能水平的培养提升。因而，各个院校应依据本校的教学制度与人才培养状况制定符合本校情况的课程思政策略，聚焦自身校本资源与具体教学工作开展情况，发挥各院校所独具的校本资源价值。

3）因课制宜——发挥舞蹈育德功能

课程门类的不同决定了思想政治教育融入的角度与课程内既有的思想政治元素的差异。舞蹈教学具有极强的主观能动性，不同的课程有不同的授课方法，也有不同的思想政治资源。在高师舞蹈专业课程思政实施过程中，专业理论课程与专业实践课程及校内外各类型活动应保持互联互补。对于专业理论课程而言，由于其与思想政治理论教育的文化共通属性，思政元素相对实践课更易于挖掘和利用。而从专业实践课程与校内外实践活动来说，由于其灵活性与言传身教的主观特性明显，思政教育的融入也更加需要授课教师和领队教师发挥能动性，授课教师应依据课程特点，灵活应变，依据不同课程适时调整，不断完善。就高师舞蹈专业而言，因课制宜更加强调舞蹈育德功能。我国舞蹈文化在千百年的发展中，早已具备丰富且强大的育德功能，早在先秦时期，就已随儒家学者所倡导的儒家乐教思想发展出其独有的思想政治教育功能，在今时今日的舞蹈教学中，高师舞蹈教学也应秉持着以培育学生师范德行的原则，依据舞蹈专业课程独有的德育资源，发挥其强大的育人功能。

4）因人制宜——发挥个体独特优势

在同一所院校中，不同教师有不同的从教理念和教学习性，不同学生有不同的技能水平和学习能力。受培养环境、培养方式以及年龄、性别、性格等多重因素的影响，不同教师对于课程思政的理解和实施会有差别，而学生在入校前也经历了不同的训练，有些源自职业中专、有些源自普通中职，其专业水准与思想政治上的启蒙在其入校时就有较为明显的差异。普通中职学生文化课成绩普遍较高，对于思想政治文化元素的理解也将更为深入，艺术类职业中专院校的学生则普遍有更成体系的专业水准，从专业技能角度入手进行思政的渗透也将使其对于思政的理解更加直观。由教师和生源不同所引起的授课效果差异无法避免，但可从施教方法和学生受教习性入手，在关注到不同任课教师个人特质、不同学生实际学习状况的基础上，因材施教，对症下药，以个体为切入点，发掘不同教师、不同学生的闪光点，发挥个体在教学与受教上的独特优势。

“四因制宜”即为实现课程思政理念与高师舞蹈课程相衔接的焦点，这也彰显了高师舞蹈课程与课程思政理念的融合应贯彻求实性原则。作为融合基点，求实性原则理应确保思政教育理念融入的实效性，坚持一切从高师舞蹈专业的实际建设与发展状况出发，根据各院校所处地区，所具备的校本资源，所实施的课程设置，以及校内师生的不同执教风格和受教能力，在高师舞蹈专业课程思政建设大背景下，确定好思政教育融入高师舞蹈专业课程中的具体方案，因地制宜、因校制宜、因课制宜、因人制宜，从地域背景到院校特色再到课程特性逐级下沉关注执教与受教个体所具优势，将种种因素发挥出其最高价值与效益。课程思政建设是一个须长期付出努力的过程，在高师舞蹈课程思政建设过程中，如何在课程思政理念引导下，撷取高师舞蹈专业课程中的系列弘扬主旋律的思政教育元素，与核心价值观同行，实现价值观与专业知识、技能的双向传授无疑是最直观、最核心的课题。这一目的的实现需要从宏观局面入手，统筹兼顾，把握好系统性原则，进而稳抓师德培育这条主线，深刻洞悉高师舞蹈的专业特色，贯彻好方向性原则，最终落实到以“四因制宜”为基点的求实性原则上。从面到线，依线聚点，唯有守好、贯彻好课程思政理念与高师舞蹈课程相融合的原则，才能更好地实现显隐教育的结合，实现更优质的高师舞蹈课程思政建设。

第四节　高师舞蹈课程思政价值应然性分析

本节仍以高师院校舞蹈课程思政为例，分析舞蹈课程思政的价值应然性。高师舞蹈专业课程是高师舞蹈课程思政建设的基本载体，也是课程思政理念融入专业建设的切入点。强化新时代高师舞蹈专业课程与课程思政理念相融合，对于高师舞蹈专业学生养成契合时代发展的教师品德、树立正确的艺术价值观念及审美精神具有积极的价值意义。应然是从规律的高度对事物发展趋势的一种科学预测和判断，它揭示的是事物应该达到的发展状态。

价值应然性即高师舞蹈专业课程思政所应具备或达到的价值。由于高师舞蹈专业的课程思政尚在实践与发展过程中，故本节中所分析的价值应然性即为对高师舞蹈专业课程与课程思政融合过程及融合结果做出带有确定性的逻辑评判。

1.契合高师舞蹈专业教学理想

以某师范大学为例，其舞蹈专业人才培养目标为“本专业主要培养德、智、体、美、劳全面发展，身心健康，具有舞蹈基本理论、基础知识和基本技能，同时具备一定的音乐知识和技能，有较为全面的人文素质和修养，能够在基础教育中进行舞蹈教学和研究的优秀教师、教育管理者和未来教育家”。这不仅是该校舞蹈专业的人才培养目标，更是高师舞蹈专业建设的初衷与教学理想。高师舞蹈专业成立以来，高师舞蹈专业的人才培养与教学效果已然达到理想状态，但就人才培养而言，唯有进一步加强本专业思想政治教育程度方可贴近专业建设之初的教学理想。目前，众多高师舞蹈院校的显性思政教育已十分完善，设置了全面且完备的思政课程，但隐性教育还远远不够，而高师舞蹈专业课程与课程思政理念的融合将极大弥补高师舞蹈专业隐性思政教育的缺憾，将多样丰富的思想政治教育资源融入高师舞蹈专业课程，缓而轻，深而稳，在学生不知不觉的情况下，实现思想政治教育的深化，真正做到思政教育的潜移默化与润物无声。

不可否认，高师舞蹈专业课程与课程思政理念的融合是极为契合本专业教学理想的，无论是“综合性”培养要求还是“师范类”培养特质，均包含于课程思政理念中。就“综合性”而言，课程思政要求构建全员、全程、全课程育人格局，更要求德、智、体、美、劳协同发展，这是高师舞蹈专业培养综合性舞蹈教育人才的最佳写照；就“师范类”特质而言，师德培育的要求同样归属于课程思政德行素养培育的范畴，常言道：“身高为师，身正为范”，在高师舞蹈专业建设中，“师范”是亘古不变的课题。高师舞蹈专业的学生是祖国未来的舞蹈教育人才，为人师表者应将教师职业道德规范内化于心，外化于行。

2.贯彻人才培养“三问”

高校思想政治工作关系高校培养什么样的人、如何培养人以及为谁培养人这个根本问题。人才培育问题是我国高等教育的根本问题，欲实现优质化高等教育，首先就应回答好人才培养“三问”。一问为谁培养人？为党育人、为国育才。二问怎样培养人？——立德树人、“五育”并举。三问培养什么人？——以德御才、四有新人。着眼于高师舞蹈教育，同样应回答好人才培养“三问”——为谁培养舞蹈教育人才？培养什么样的舞蹈教育人才？怎样培养舞蹈教育人才？高师舞蹈专业的课程思政建设以舞蹈专业课程为思想政治教育立足点，通过构建“三全育人”格局实现高师舞蹈教育的全人价值，培育出“五育”并举的新时代德才兼备、德艺双馨的舞蹈教育人才，这无疑是对人才培养“三问”的最佳回答。

3.实现“五育”并举与“德艺协同”

“五育”并举，即以德育为引领德、智、体、美、劳全面发展的素质教育，推进“五育”并举有助于提升高师舞蹈专业人才培养水平和能力。在高师舞蹈课程思政建设过程中，通过思想政治教育在日常教学活动中的融入，实现了以品德教育为引领，带动学生德、智、体、美、劳全面发展，因而高师舞蹈专业的课程思政建设无疑是“五育”并举最质朴、最真实的写照。通过课程思政建设，教师教学水平得以提升，学生领悟能力得以增强，一大批具有创新能力和实践能力的综合型舞蹈教育人才将被输送至舞蹈教育各个岗位，真正满足党和国家对卓越舞蹈教育人才的希冀与需求。

“德艺协同”又可称为德艺双馨，这是对于从艺者最高的标准和要求。自 1997 年高师舞蹈专业成立以来，受舞蹈专业艺术院校人才培养的影响，高师舞蹈专业的教师难免将关注点更多地投放于学生的舞蹈专业技能培养上，从而在一定程度上忽视了舞蹈人才的品德培养。高师舞蹈专业的学生是日后投身于舞蹈教育领域的主力军，因此德艺双馨品质的培养应得到更多关注。舞蹈专业课程重“艺”，课程思政理念重“德”，而当高师舞蹈专业课程与课程思政教育理念融合并施时，“德”与“艺”便可得到最直接、最大限度的协同。“德艺协同”是从艺者最高尚的道德规范，“五育”并举则是未来教育人才全面发展的保障，二者皆为高师舞蹈专业课程与课程思政教育理念融合价值。

第三章　我国中职院校舞蹈教学中课程思政建设现状

在我国，中等职业学校学生的思想政治教育受到多种现实原因的影响，一直是教育界特别关注的问题，思想政治教育对于促进中等职业学校学生的思想道德发展，建设连贯的校园，构建和谐社会，促进国家长治久安至关重要。思政教学改革的主体不仅要放在思想政治课程建设上，更要把思想政治的贯穿于课程的始终，切实发挥各学科的教育作用，将思想政治教育渗透学校教育教学的全过程，并力求将思想政治教育融入各课程的具体教学实践中，深入开发各课程的思想政治教育资源，落实学校教师的教育责任。鉴于新条件下学生的观念和伦理发展，舞蹈教学应主动探索学科教学与思想政治教育的深度融合，以实现教育目标。

第一节　专业课实施课程思政的路径探索

思想政治教育是思想政治教育各类专业课程有机结合的系统工程，是其中最重要的一环。李国娟认为，确保课程思政改革取得预期效果，要着力五个关键环节：课程的思想政治结构是以“课程”为基础的，重点是“思想政治”，关键是“老师”，执行是“部门”，结果体现在“学生”。赵明琦认为，在专业课程中实施思想政治教育，可以从三个组成部分入手：一是深入挖掘、系统支付、精准确定专业课程所蕴含的思想政治教育资源和核心内容；二是考虑课程体系内部协同作用，加强教师外部协同作用；三是建立健全保护制度，切实落实工作责任追究制度。王石、田洪芳认为，实践方法中要考虑的问题可以分为五个方面：一是各学科思政资源的开发是课程思政结构的主要内容；二是改革传统的思政理论课程；三是建立运行机制和考核机制，确保课程思政建设能够持续下去；四是明确高等院校与研究型学院在课程思想政治结构上的差异；五是思想政治教育不能一蹴而就，更要防止矫枉过正。曲敬平、邓庆华认为，教师是熟悉教材，教师教学包括对教材的细化、内容的深化、课程的先了解；二是找出问题所在；三是设计教学计划；四是选择教学语言；五是谨慎使用多媒体；六是增加教材；七是实现教学语言的转变。

在专业课程的思政教学改革研究中，专业课程与思想政治理论课程是同一方向的，能产生协同效应。其实践离不开三个方面：建设教材、提高专业教师的思想政治教育能力、完善学生评价体系。在职业培训领域，缺乏对职业道德与思想政治教育关系的研究，制约了课程和思想政治研究的发展，值得深入思考和解决。

第二节　关于中职院校民族民间舞课程体系的研究

1.中职院校各课程探索思想道德建设的研究

青春期是人生的重要阶段，需要社会力量的明确引导和培养。随着现代社会对素质培养的要求越来越高，职业道德和职业技能已成为职业学校素质教育的核心内容，也就是说，道德教育是中等职业学校的基础，只有把道德教育放在学校教育的首位，才能为学生未来职业生涯的可持续发展做出贡献。2019 年，国务院印发的《国家职业教育改革实施方案》（国发〔2019〕4 号）为办好职业教育指明了方向。戴广群和徐志国认为，“职业院校不仅要在课堂上教给学生职业道德，更重要的是要在教学生产实践中，结合学生的现实生活条件和制造实践的教学环境。郑广生认为，道德教育除了考虑传统的正规课程，还必须充分发挥非正式课程的潜力，包括自发的课外活动、大学环境和文化的塑造、非正式的师生互动、道德课程之外课程的渗透。只有这样，才能体现德育兼具智力和教养的双重特点，才能提高德育的成效”。中职职业学生的观念和伦理结构一直是教育界的专题，相关研究不少，但中职职业学校的发展也限制了中职职业学校课程开发的研究，有待进一步的实际探索。

2.民族民间舞课程教学体系的研究

自 20 世纪 50 年代中国第一所舞蹈学校——北京舞蹈学校成立以来，以戴爱莲为代表的老一辈民族民间舞蹈家和教师开始将中国民族民间舞蹈课程纳入专业舞蹈课程的教学中。明文君认为，就教育人的重要性而言，中国民族民间舞蹈教学体系面对当前丰富多样的民间舞蹈风格，承担起文化传承的责任。如何常态地提炼和教授各种民间舞蹈的审美特征，使学生体会到中国民族文化的深厚魅力，使其与科学教育的需要紧密结合，培养高素质人才的全面发展，是中国民族舞蹈教学体系应始终遵循的原则和历史任务。“中国民间舞蹈作为极其珍贵的非物质文化遗产，应该在传承文化、服务社会、民族团结和提高民族文化软实力方面发挥非常重要和独特的作用。”张温认为，“民间舞蹈本身就是中华文化精神的象征或缩影，突出了中国人民的灵魂和生命的永恒飞跃。艺术是现实的贵族，民间舞蹈展现了艺术贵族的时代精神。中国民族民间舞蹈的文化传承和发展，其实就是中华文化精神的传承，人们在民族民间舞蹈中继承民族的审美心理，适应时代精神，随着时间的推移实现相应的创造性转变”。因此，中华民族民间舞蹈课程不仅局限于磨炼专业技能，更具有文化教育特色的同等责任。

自 20 世纪 80 年代以来，北京舞蹈学院正式成立了中国民族舞系，在中国民族舞和民间舞课程的研发方面取得了显著成绩。在中华民族和民间舞蹈教材建设方面，潘志涛教授主编的《中国民族民间舞蹈教材及教学方法》，不仅成为全国通用的典范，而且成为各学校中国民族民间舞蹈系教材的依据。在创作探索方面，《侠歌》《献给父辈》《云南倒影》等大量作品深受欢迎。进入新时代后，一些研究者扎根全国，探索民间舞蹈的遗产，例如，张志平的《傣族舞蹈教程》和白英的《傣族民间女性舞蹈教程》。一些研究者对学科结构进行了探索和思考，如明文军的《从自然民间形态到科学遗产》、黄义华的《我对中国民族民间舞蹈学科结构的思考》等。一些研究者探索了课程改进，如孔玲婷的《中国中职生民族民间舞蹈教学方法调查》、韩立的《民族民间舞蹈教学的思考》。中国民族民间舞蹈的课程结构须遵循一定的原则性，目前学界对舞蹈教育的快速发展缺乏研究，这给学者们留有进一步探索和开发的空间。

第三节　中职院校实施课程思政的内在逻辑

2020 年中共中央宣传部、教育部联合印发了《新时代学校思想政治学课程改革创新实施方案》（教材〔2020〕6 号），其中明确指出，中等职业学校（含技工学校）课程要体现职业教育特色。不同的课程有不同的教学知识体系和主题，所包含的思想政治教育内容也各不相同，因此要对各课程思想政治教育资源的分析和开发进行合理的筛选和规划。后者主要通过揭示人们的社会活动和社会发展规律，引导学生形成正确的人生观、世界观和价值观，提高思想道德修养和精神领域，培养科学系统的思维习惯，促进心理和生理的健康发展。在课程中实施思想政治教学改革，首先要明确哲学社会科学课程的研究主体是人的社会活动和社会发展规律，课程知识体系不可避免地受到意识形态的影响，其中每门课程都蕴含着生活方式等丰富的思想政治因素。审美情趣、道德态度、理想信念、政治学、法律意识、民族、家庭和国家感情，共同构成了一个比较完整的人生态度、世界观和价值观的教学体系。作为中职舞蹈课程开设的必修课之一，中国民族民间舞蹈课程的教学模式既以体育活动为课程目标，又为学生的身体发育和活动能力培养提供了一种训练模式。

1.实现中职院校教育的育人功能

中职课程的知识体系包含着教育特色和思想政治教育能动性，职业道德的价值在不同的中职课程中也得到强调，旨在引导学生实现社会与实践、精神与物质等不同价值观的融合，引导学生形成正确的精神世界。在教学过程中，教师可以充分发挥自己的思想政治素养，通过对知识体系中适当资源的分析和处理，体现课程的间接教育活动。哲学和社会科学阶段的学科和研究主题是具有价值逻辑的人，知识体系不可避免地受到意识形态因素的影响。

2.促进各学科之间的互动发展

学科的专业化有利于学术研究的深入发展，但由于对学科专业化的误解，各学科之间的分离效应和缺少对话与交流，导致各学科之间缺乏理解和互信，以及某些课程的教育受到限制，不利于学校教育功能的实现，激化教育活动矛盾。为了更好地发挥教学作用，消除这一矛盾，中职院校必须认清当前教育观念的一些问题，在传承、反思和发展中创新教育观念，树立“三全教育”的思想政治教育理念，开发各课程所蕴含的思想政治教育资源，促进各学科良性互动，实现各课程教育的和谐发展。

3.满足学生社会交往的时代需求

教育活动的本质是使人们更好地生存、进化和适应环境，在当今时代，人们正在实现更全面的发展。一方面，它是指社会互动意义上的综合发展，即人与人之间社会互动的需要，表现为生存与社会发展的关系，指向人类解放的最终目标；另一方面，它是指教育意义上的综合发展，即通过道德、智力、体能、艺术和劳动力的综合发展，培养新时代的复合型人才。随着经济全球化和社会信息化的社会转型，影响教育的因素也在不断变化，当下的学生互动也需要适应性发展的价值观，既要满足于个体的自我发展，又要响应多样化的群体互动的发展，个体需要有更深层次的批判思维、更强烈的民族主义意识、更广阔的文化视野。要解决这些问题，就要搭建个人与社会、个人与国家沟通和理解的教学平台，在时代变迁的背景下，制订适当的价值追求教学标准。

4.加强教学体系中的精神文明建设

随着我国经济的高速发展，社会的主要矛盾日益凸显，学生的精神文化需求面临着不平衡和发展不足的问题。一方面，反映在进化的不平衡上，部分院校存在重智力教育、重成就轻才、重理论轻实践等现象，导致学校教育作用不足、学生素质各领域发展失衡的问题。另一方面，反映在发展不足上，通过提高社会对人才素质的标准，学生对教育行动设定了更高的标准，教材不仅要有深厚的知识体系，还要有强烈的人文关怀，教学过程要增强审美体验和教学趣味，增进各学科之间的相互交流，打破学科壁垒和思维牢笼，在学术交流中迸发创新思维的灵感。如今收集信息和知识变得方便快捷，这反映在劳动力市场上，不断寻求技能和质量。综上所述，人的发展需求是系统的、全面的，在当前的教学改革中，要深入开发课程中的思想政治教育资源，将其与原有的课程体系有机地融合，促进教学体系的发展，实现课程教育培训的目标，满足学生在伦理、智力、体力、审美和工作发展等方面的需求，使学生成长为能够适应时代变迁的复合型人才。

5.重塑课程体系的道德判断标准

道德教育是学生教育活动的重要组成部分，各学科都应在其知识体系下开发思想政治教育资源，促进教学改进，更好地实现教育目标。道德是一个历史概念，随着现当代社会的转变，我国经济领域发生了重大变化，经济基础决定上层建筑，经济基础的深刻变化又对人们的道德观念产生了深远影响。如果一个社会的道德判断标准混乱和道德选择混乱，人们可能会做出道德失范行为，甚至发展成违法犯罪案件，产生负面的社会影响。因此，在建设课程体系时，中职院校应推进伦理教育，引导学生遵循正确的伦理原则，在课程中深入开发思想政治教育资源，了解学生发展的方向，以达到教育人的目的。

第四节　中国民族民间舞专项课程思政内容的挖掘

1.思政内容挖掘的原则

高校课程思政内容挖掘与梳理的实质是专业知识教育过程中的真理与价值的统一，其核心在于“深挖专业课程教学中的德育内容和德育元素，把专业课程作为价值与科学联结的精神中介，把立德树人融入教书育人全过程”，并依照具有指导性的原则。基于此，中国民族民间舞专项课程思政内容的挖掘应遵循下列三个原则。

（1）以马克思主义为指导的原则

马克思主义是我们党和国家建设的基本指导思想。这就要求中国民族民间舞专项课程思政的设计，必须以马克思主义为指导，确保课程思政的设计始终与我国社会主义发展的要求相一致，以正确的政治导向来促进优秀文化的传播。

第一，在大学思想政治教育中，必须确立和强化马克思主义的指导作用。中国民族民间舞专项课程思政建设，需要积极挖掘课程所蕴含的思想政治教育资源，切实发挥中国民族民间舞专项课程在思想政治教育中的促进作用，为社会培养和输送具有较高的中国民族民间舞综合素养与优秀思想品德的优质人才。因此，必须坚持马克思主义的指导，用以增强中国民族民间舞专项课程思政的方向性。

第二，强调对社会主义核心价值观在中国民族民间舞专项课程思政各环节的融入。社会主义核心价值观是马克思主义道德价值理论在中国的本土化发展，从整体上将国家、社会和公民紧密地结合在一起。中国民族民间舞专项课程思政是高校坚持立德树人、培育新时代优秀人才的重要举措，能使学生在身体素质和精神价值素养方面和民族的繁荣发展融为一体。这就要求中国民族民间舞专项课教师必须履行中国民族民间舞专项课程思政第一责任人的职责，在教学与日常生活学习中，要言行一致，以身作则，积极推动中国民族民间舞专项课程的改革，成为新时代中华优秀传统文化和中国特色社会主义核心价值观的践行者与传播者，以自身的行为规范教育学生，以自己的人格魅力影响学生，真正起到表率作用。

（2）问题导向性原则

英国哲学家培根指出：凡事若以肯定开始，必以问题结束；以问题开始，必以肯定结束。因此，本书将“强化问题意识，坚持问题导向”作为中国民族民间舞专项课程思政教育教学实践活动的逻辑起点，从问题入手，寻求解决问题的手段与方法。

1）勇于面对问题，善于发现问题

通过调查发现，目前，中国民族民间舞专项课程教学存在以下亟待解决的现实问题：其一，从教师执教能力上看，缺乏对课程思政的深度了解，导致其在教学过程中忽视课程在培养学生健全人格中所起积极作用的现象时有发生，这种教学执行能力上的偏失易于造成“重视学生的专业能力，而对学生其他方面的引导教育有所懈怠”的厚此薄彼现象的出现。其二，从教师的教学理念上来说，在传统的中国民族民间舞专项课程教学中，为了完成教学大纲所规定的课时任务，以达标为唯一教学目的的现象尤为明显。这种“唯达标论”的狭隘的教学理念，未能让学生真正理解中国民族民间舞蹈的价值和内涵。其三，从教学内容的设置来说，虽然强调多元化发展，但容易忽视对学生精神的塑造，对于技术动作的讲授占用了较多时间，对于民族民间舞蹈历史及优秀民族舞蹈文化则鲜有涉及，课堂理论教学的开展所占比例也较小，导致教学内容缺乏生动性和感召力，未能竭尽发挥民族民间舞蹈课程的育人优势。这些是进行民族民间舞专项课程思政设计不容忽视的现实问题，也是民族民间舞专项课程思政开展的重要突破口。

2）要做到科学研究问题，精确求解问题

《关于全面加强和改进新时代学校美育工作的意见》颁布，指出将学校美育作为立德树人的重要载体，成为课程思政的重要内容。中国民族民间舞专项课程作为重要的艺术类课程之一，结合当前中国民族民间舞专项课程中存在的一些问题，该意见的出台为更好地发挥学校美育的育人优势指明了方向，也对中国民族民间舞专项课程思政的开展提出了要求。因此，为确保中国民族民间舞专项课程思政有效建设，应加强对以下问题的研究与解决：其一，要加强对民族民间舞蹈教师综合素质能力的培养。民族民间舞蹈蕴含着丰富的美的元素，是开展美育教育的重要载体。因此，舞蹈教师应充分利用这一资源优势，提升自身的舞蹈综合素养、审美能力、展现美的能力，同时，注重培养自身政治素养、道德素养及思想素养，构建完善的综合素质能力体系，使之在教学实践中传授舞蹈技巧的同时，对学生实施美育教育、思政教育，引导学生树立正确的价值取向。其二，要积极拓展中国民族民间舞专项课程的教学内容，坚持专项课的主体地位，从学生的需求出发，将学生专业素养与理想信念相结合；把民族民间舞蹈文化知识的普及和技巧传授相结合，切实发挥中国民族民间舞专项课程的育人作用。

（3）可操作性原则

1）坚持从实际出发的设计原则

从实际出发是真实反映客观现状的有效手段，是解决实际问题的有效方法。这就要求在中国民族民间舞专项课程的内容设计及实施等方面，要充分考量学生的实际情况及具体要求，以期适应社会发展形势，满足学生发展需求。例如，在制定中国民族民间舞蹈课程思政目标时，教师的执行水平和质量、学生的接受能力以及学校的办学风格和特色，均是必须加以考虑的问题，这对于确保目标制定的合理性、完整性与实效性，具有重要的现实意义。

2）突出中国民族民间舞专项课程思政设计的可操作性

中国民族民间舞专项课程思政的实施不仅要遵循课程思政所倡导的育人

思想，还要着重考虑该课程的教育教学原则和规律。不同于其他的学科教学，中国民族民间舞专项课程是学生通过身体运动参与的课程，具有极强的实践性和感染力。舞蹈教师不仅要在言传上实现信息表述的精准性与全面性，还要在“身教”上达成动作示范的高标准，用以指导学生与规范学生的信息接收、消化以及动作的学习模仿，使学生在学习过程中体验与感悟中国民族民间舞蹈的感染力，实现理论学习与实践操作的有机结合。因此，中国民族民间舞专项课程思政的开展应立足课程自身的优势，既要确保中国民族民间舞专项课的主体地位，避免“喧宾夺主”现象的出现，又要发挥课程思政的主线作用，借助中国民族民间舞专项课的载体作用，通过对浓缩在每一个动作中的思想政治教育资源育人功能的激发，并通过教师的循循善诱，将思政教育贯穿于教学的全过程，形成“溶盐入水”的培养态势。

2.思政内容确立的理论依据

（1）政策来源依据与政策社会需求

为了进一步加强高校思政教育，中共中央、教育部在学科专业、教师培训以及教学评估等工作中对思想政治教育工作进行了重点部署，制定并出台了一系列政策，为推进高校课程思政建设指明了方向、提供了理论依据与保障。这些政策的颁布实施以及所提出的具体要求，是中国民族民间舞专项课程思政内容指标挖掘的主要依据。

（2）社会主义核心价值观

社会主义核心价值观要求“融入国民教育全过程，坚持育人为本、德育为先，围绕立德树人的根本任务，把社会主义核心价值观纳入国民教育总体规划，深化大学生的思想政治教育”。思想政治工作是培养学生价值观的一个重要环节与依托，意识形态是思想政治教育的基本规范，它与思想政治教育有紧密的联系。中国民族民间舞专项课程的思政要素是其思想内涵的具体表现，其核心价值是其精神导向和理论基础。

（3）舞蹈表演专业人才培养方案

构建中国民族民间舞专项课程的思政要素内容体系，要以尊重专业课程建设规律为前提，以专业知识技能的传授为载体，依据专业来定位培养目标。培养目标是所需人才的培养方向、培养规格和具体要求，是教育目的的具体化。例如，某学校制订了《舞蹈表演专业人才培养方案》，将中国民族民间舞专项课程培养目标从单一技能培养向多元能力培养逐渐转变，课程始终着眼于学生未来发展，除培养学生具有较好的舞蹈表演能力外，也培养学生实践和编创的能力，使其在文艺团体、中小学、幼儿园、教育培训、健身场所等机构从事表演、教育、编排等工作方面成为具有创新精神和创业意识的高素质应用型人才。作为舞蹈表演专业选修课，课程通过七学期系统规范的教学训练，其较大的课时比例和较长的开课时间，不但保证了思政教育的持续性，而且对实现人才培养目标起到了非常重要的支撑作用。因此，应将该培养目标作为确定其课程思政内容的依据之一。

（4）中国民族民间舞专项课程大纲

思政内容的挖掘梳理是对真理和价值展开观察、反思和揭示，是合规律性的实践活动。简单来说，课程大纲是对教学内容的叙述，而课程思政建设必须依托课程教学实际，即课程大纲中的实际教学内容进行挖掘，以中国民族民间舞专项课程的课程大纲为参考，主要对大纲中的毕业要求、课程目标、教学内容及教学方法四个方面有的放矢地深入挖掘其中的德育资源。

（5）中国民族民间舞专项课程的特点

中国民族民间舞鲜明的特点是在融合多民族风格的基础上所形成的相对稳定的艺术表现形式，是民族传统文化的重要载体。

除此之外，中国民族民间舞将各民族的历史沿革、文化素养、宗教信仰、民风民俗及审美意识浓缩在每一个动作中，以极具特色的舞蹈形式表现出来。但是，因地域环境、自然条件及发展水平的明显差别，各民族在舞蹈表达方式上各具特色，构成了内容丰富、形式多样、特色鲜明的中国民族民间舞蹈体系。民族民间舞蹈文化具有丰富内涵，有极高的审美和训练价值，中国民族民间舞专项课程以不同特点、不同地区、不同民族有代表性的民族民间舞蹈为教学内容，是民族文化与民族精神传承的重要载体。例如，无论是展现广袤草原风情的蒙古族民间舞蹈，还是展示高山峻岭意蕴的苗族民间舞蹈，抑或是彰显高原风貌的藏族民间舞蹈，均蕴含着丰富的民族文化元素，彰显出各民族深厚的文化底蕴，成为中国民族民间舞专项课程思政内容挖掘与整理的重要保障。

由此可见，中国民族民间舞专项课程的特点契合《纲要》中对艺术学类专业课程思政建设的要求。因此，应充分发挥中国民族民间舞专项课程“以美育人、以美化人”的育人功能，培养学生传承和弘扬中华美育文化的自主意识，从整体上提升大学生的审美素质、人文素质，是增强文化自信的前提，是充分发掘高校思政教育的重要内容。

第五节　中职院校民族民间舞课程思政的教学模式构建

中国民族民间舞蹈是各族人民创造的精神文化的结晶，是民族精神的体现。它本身就植根于中国人民的传统文化，在艺术表现上体现了中国人民的时代精神。中华民族民间舞蹈文化的传授和传承，其实是对中华民族文化的传承与发展，既符合艺术发展规律，又随着时代的变迁完成了中国传统文化的动态发展。实施民族民间舞蹈课程的思想政治教育教学过程，就是向学生传授中国各民族的民间舞蹈技巧，指导学生树立正确的价值观，牢记既定目标的过程。在中职阶段实施民间舞蹈职业培训课程中，思想政治教育的教学实践是以技能训练和教育为目标的，对教学过程中的各环节进行详细组织，形成固定的教学方法。这种教学模式不仅需要完成民族民间舞蹈课程具体技能训练下师生交流模式的设计，而且要关注课程知识体系和环节的关系设计问题，能够按照坚持教学原则，对民族舞蹈课程的培训目标、教学内容、实践环节和考核标准进行整体组织。

1.中职院校民族民间舞课程思政的培养目标设计

中职民族和民间舞蹈课程职业培训课程的学习目标是指中职技术学校确定的民族舞蹈和民间舞蹈课程的教学和实践完成标准。了解课程学习目标是完成教学工作的第一步，也是评价教师职业的重要指标。中国民族民间舞蹈课程思政的培养目标可以从两个角度来组织：一是在课程知识体系下，以技能训练为基础，掌握民族舞蹈相关知识，学会用专业思维处理舞台表演，形成相应的表演风格，实现整体表演质量的提升。二是在民族文化特色下，立足民间舞蹈文化的传承，保持民族文化本身的民族性，发挥民族文化生存和发展的历史作用，完善民族民间舞蹈文化体系。为了实现上述目标，教师要在教学活动中遵循相应的教学原则，并规范培训目标的等级分类。

（1）中职院校民族民间舞课程的技能目标设计

民族舞蹈和民间舞蹈课程的培养目标，就是在课程教学中培养能力突出、政治德行兼备的民族民间舞蹈人才，这也是课程设立的初衷。无论中职阶段民间舞蹈课程的改革如何，都离不开核心学习目标，即民间舞蹈训练的目标。中职民间舞蹈的能力目标应根据课程知识体系的教学特点，从每支民间舞蹈的推出开始，根据现行的知识体系，对学习目标进行分级，制定各层次的教学大纲，然后详细列出各教学实例的教学目的。例如，维吾尔族舞蹈课程要求学生掌握维吾尔族舞蹈的主要特点，身体各部位的动作和眼神协调，头部和腰部的姿势高，风格热情大胆，稳重敏感。通过教授维吾尔族舞蹈的特征动作，教导学生模仿形式，然后增强对举止的把握，最终塑造整体风格。长期以来，舞蹈课的知识体系都是这样形成的，既可以横向结合同一民族舞蹈的不同动态，又可以在同一民族舞蹈的不同层次的教学中有效衔接和进步，实现教学目标。

在逐步将民族民间舞蹈课程的技能训练目标细化为具体教案时，首先，要考虑训练目标与教案之间的完整性。课程设置有培训目标，将教案分层，具体的教学是一个循序渐进的过程，每个部分的规划都要根据前一阶段的进展情况，不能单独讨论。在培训目标的指导下，设置舞蹈课程，即从汉舞、藏舞、蒙古舞、维吾尔族舞、朝鲜舞、壮族舞等体系中协调不同教学层次的学习项目，再细化成教案，完成不同民间舞蹈从形式隐喻到节奏的教学过程，达到风格塑造。其次，在用教案完成课堂的具体目的时，要明确具体身体部位的训练或对某些节奏的掌握，使课堂任务清晰具体，既有助于学生理解和掌握技能，又能让教师直观地识别学生的学习情境，优化教学流程，提升教学效果。最后，需要注意的是，具体的教学目的应与学生适应，目标不应僵化，要求教师在课程教学中识别学习者的熟练程度，根据熟练度调整教学进度，监控教材与对象之间的互动关系，充分激发学习者的学习积极性，有效提高教学效果。

（2）中职院校民族民间舞课程思政的目标设计

思想政治课程的教学目标系统完善，但思想政治课程的教学目标不能直接转移到中职院校民族民间舞蹈职业课程中。中职院校民族民间舞蹈课程思政的教学目标，由思想政治课程教师和舞蹈课程教师共同确定，需要确定和提炼传统知识与技能目标、过程与方法目标、情感态度与价值目标，确定不同维度的教学目标。在实践中，要明确两点：一是明确民族民间舞蹈课程和思想政治课程联合发展的现状。在民族民间舞蹈课程原有知识体系的基础上，灵活主动地整合以教育人为目的的思想政治教育内容，确定民间舞蹈课程某一部分思想政治的教学目标。思想政治学课程在教学项目方面有成熟的体系和目标，舞蹈课程的思想政治改革不需要在教学层面强调与思想政治课程同步，而应在舞蹈课程的培养目标上与思想政治课程保持内在一致性和相关性。因此，在制定民族民间舞蹈课程的思想政治教学目标，实现教育总体目标与思想政治课程的协同作用时，最重要的是系统地结合从民族民间舞蹈课程知识体系中承载教育目标的思想政治教育要素，并设定可操作的民族民间舞蹈课程思政教学目标。二是要厘清民族民间舞蹈课思政教学目标的内在逻辑。

制订民族民间舞蹈思想政治教育的教学目标时，应当根据课程目标，组织课程教学原则、设计教案、安排课程进度，并说明具体的教学目标。民族民间舞蹈课程思政教学目标要结合教学层次、教学主题和教学问题，适应不同类型的课程教学。这一目标的设计是建立在对课程学习目标的具体细分之上的，但要避免僵化，舞蹈课程所开发的思想政治资源不能成为民族民间舞课程教学和系统知识体系的决定因素。一方面，要明确民族民间舞课程的思想政治因素和知识体系的适应性，思想政治教育目标的落实要靠舞蹈课程的教学。换言之，教案中明确提出的思想政治教学目标不是一成不变的，而是要根据具体的学习情况，了解在教学过程中思想政治教学目标的设计与实施，只有这样才能科学地评估学生的发展和课堂教学效果。另一方面，为了实现民族民间舞蹈课程思政教学的目标，舞蹈课程教师需要适应不同的教学水平，而课程的实施和民族民间舞课程教学目标的落实，受具体的学习条件、教学进度等因素的影响，专业课程的思想政治目标不能僵化，教师需要保证思想和政治的有效性。

2.中职院校民族民间舞课程思政的教学内容开发

（1）中职院校民族民间舞课程的教学内容选择

中职阶段教材的选择是指根据课程的既定目标，组织和筛选各种民间舞蹈的动作材料，以实现预定的目标。只有在教学过程中认识各种民族民间舞蹈的特点，学习其风格动作，完成从模仿到创作的过渡，才能真正完成民族民间舞蹈课程的训练目标。在这个过程中，选择合适的教材并合理地安排教学内容是非常重要的。课堂上呈现的教材内容，无论是动态特征还是审美特征，都必须体现舞蹈的风格，在这个过程中，主要的问题是如何准确反映民族的风格特征，要达到这个教学目的，课程内容要选择不同民族、不同风格的民间舞蹈来培养学生，中国民间舞蹈独树一帜，呈现多模态的融合，因此，教师在课堂上讲授中国民族民间舞蹈，不应以固定的动态外表为基础，而应清楚地展示每一种民族舞蹈的独特风格和节奏。

中国民族民间舞蹈在形式上是融合的，具有多种含义。作为一种不成文的语言文化，它广为流传，种类繁多，风格多样，虽然整体风格包含着各族人的不同风格特征，但民族民间舞蹈的本体论却显示出中华文化的标志性风格和光彩。中职院校民族民间舞蹈教学的教材，应以不同民族民间舞蹈风格的动作语言词汇为基础，既能体现各民族文化的独特性，又能体现中国民俗文化的独特性，介绍中国民族的风格和节奏。通过编排组合不同教学内容，使学生能够准确把握各民族民间舞蹈的节奏趋势和风格特征，准确理解不同民族民间舞蹈的动作规律和舞蹈风格特点，运用肢体语言灵活鲜明地呈现不同民族和地区的舞蹈文化。

例如，蒙古族因独特的草原环境而形成了独特的民族风格特征，通过创造和发展，蒙古族的舞蹈具有活力、细腻、富有弹性和英雄气概的特点。因此对于蒙古舞教材内容的选择要突出其独特的姿势和动作特点，无论是模拟静态舞姿还是训练有力的动姿，目的都是集中舞蹈的风格特点。教师可以将马位训练、肩部训练、手腕训练等相结合，使学员掌握相应的节奏特点。

（2）中职院校民族民间舞课程的思政资源开发

对于中职院校，民族民间舞蹈研究的思想和政治资源的发展需要在课程的知识体系中发展。按照思想政治教育课程内容构成的逻辑，民族民间舞课程思想政治资源的开发要以深入发展民族民间舞课程知识体系为基础，系统地结合思想政治因素和知识体系。包括三个方面：一是根据民族民间舞蹈课程的知识体系，深入发展当前的思想政治教学要素。部分发展需要从整体上了解教学背景和学习情况，形成基于原有知识体系的思想政治知识框架，再细化思想政治知识体系，确保原有教学体系的系统化和传播。二是在符合思想政治教材选择原则的基础上，对首次开发的思想政治要素进行筛选。思想政治要素是从民间舞蹈课程的教学体系中发展而来的，第一原则是保证原有教学体系的系统性和逻辑性。三是在原有课程知识体系内容的基础上，将思想政治教育有机地融入教案，实现课程目标、课程大纲、课程教案的逻辑闭环。

中职院校民族民间舞蹈研究思想政治资源的开发，其实是以民间舞蹈课程的知识体系为基础，运用思想政治因素设计教学内容。所以民族民间舞课程思想政治教育的主题，就是民间舞蹈课程知识体系背后的故事、现象和问题，使思想政治教育的目标能够贯穿中职民间舞蹈课程的教学体系，实现引导教学主体树立正确的世界观、人生观和价值观的教育目标。民族民间舞蹈的课程，从对动作和节奏的学习，到对风格构成的理解，再到作品曲目的呈现，层层体现民族民间舞蹈背后蕴含的人文特色、理想信念、道德修养、民族气质、家国情怀等丰富的因素。

3.中职院校民族民间舞课程思政的教学实践环节设计

（1）中职院校民族民间舞课程的技能教学环节设计

中职院校民族民间舞蹈课程的技能教学衔接设计，是指根据课程的培养目标，确定教学内容，进而建立和组织课堂的实践关系，以有效达到教学目标的实践任务。组织教学实践是中国民族民间舞蹈教学实践的可操作部分，主要解决如何设计课堂某些方面的问题。这个问题主要涉及如何有效地组织人员和安排教材，以达成预期目标，并确保教学过程中整体教学活动的有序完成。课程整体由许多清晰、独立的部分组成，包括：知识体系的教学、课堂组织和实际关系的链接。首先，民族民间舞蹈课程内容体系的确定并不意味着课堂内容的确定，以学生为中心的教学原则要求教师对内容体系进行处理和调整，根据学生情况，明确里程碑目标，推动课堂教学的实际进展，这往往要求教师在完成一项或多项教学任务后形成固定模式；运用展示模拟、练习纠正、鼓励指导、情境模拟等方法，有效地发挥课堂效果。其次，民族民间舞蹈的学习具有主题和舞台的特点，在课堂布局的组织上也表现协调性的特点，不同民族民间舞蹈元素的教学和组合按教学前后的顺序排列，风格构成按难度等级分配，以示范和练习错误纠正为主要环节，根据学习情况合理衔接，每一步都对教师有更高的要求。最后，上述所有环节都需要协调整合，以体现课堂教学的完整性，从而达到预期的教学目的。

中国民间舞蹈是生活在中国各地的各族人民以自己的生活经历直接创造

的一种文化形式，至今仍在流传，原始的乡村部落是传承民间舞蹈的根源。因此，教师需要深入了解各民族民间舞蹈的文化背景，包括人文地理、各民族的风俗习惯，然后设计课堂教学关系，考虑场域创作，运用各种技巧激发学生的想象力，促进文化理解。例如，使用视觉展览、多媒体设备，观摩文化材料样本等。达到情境尽可能真实、能吸引学生的效果，让学生从自己的感知中学习和理解各种民间舞蹈风格的节奏，增强学习兴趣，在动作模拟后转化和塑造对风格和行为的掌握，最终实现训练目标。教师应结合各教学环节，根据学生的反馈，协调动作模拟与自发性的关系，使学生从动作模拟中逐步产生民族民间舞蹈的真实感受，使动作的构成体现出生命力，从而形成对中国民俗文化的深刻认同。

（2）中职院校民族民间舞课程的育人实践环节设计

中职院校民族民间舞课程的教学实践中，为了丰富学习经验和提高教学效果，需要明确三个切入点：一是课程的预备衔接。民族民间舞蹈教师在备课时要结合思想政治教育目标，全面掌握教学实践，提前与学生进行充分有效的沟通，以及设计教学实践的互动内容。教师为学生准备的教材，要提前介绍思想政治教育的主题和问题，针对教学实践中可能出现的各种反馈，制订各种反馈和准备计划，确保一门专业课程知识体系的教学完整，对思想政治教育目标进行准确指导。二是实际关系。在基于课堂进度的具体教学实践中，应及时调整教材，优化备课形式。民族民间舞蹈课程本身的知识体系难以教授学生，思想政治教育成分的融合必然会增加课程知识体系的教学负担。在教学实践中，教师要以思想政治因素与民族民间舞蹈课程知识体系的有机融合为出发点，灵活运用教学方法，使思想政治教育嵌入知识体系的教学过程中，不断精简课程组织结构，减小两者融合后新知识体系的难度。使思想政治因素成为课程知识体系自我调节的润滑剂，通过直接增加教学负荷，达到教学实践更加烦琐、顺畅的目的。此外，教师要立足于思想政治教育先入为主的目标，实时了解学生的学习状况和情绪，用好语言教学，提高教学效率。灵活有趣的教学可以解决专业课程知识体系中思想政治教育的枯燥乏味，使教学实践轻松愉快，激发教学兴趣，也有助于提高思想政治要素融入知识体系的教学效果。三是评价环节。从学生全面发展的角度出发，教师要关注、倾听和管理学生的学习状态，在教学实践中与学生保持有效沟通，建立充满信任的师生关系，积极参与教学交流，与学生就预先确定的思想政治教育问题进行对话，及时收到教学反馈，有效引导学生得出正确的结论。当教学突发事件发生时，教师必须及时适应预定的计划，如果学生在教师职业中提出与社会主义核心价值观相冲突的意见，教师必须及时干预以纠正错误意识，这强调了制订计划的必要性。

4.中职院校民族民间舞课程思政的教学评价标准

教学评估是指根据课程预定的教学目标，以明确的评估标准和有效的衡量方法，对教学的工作关系和教学质量进行价值评估的做法。作为民族民间舞蹈课程设计体系的最后一环，教学评估承担着精简和完善这一正反馈体系的作用，从多重教学目标出发，有助于了解中职院校民族民间舞蹈课程教学的总体策略和目标，避免民间舞的盲目和随意教学。基于过程评估和形成性评估，中职院校民族民间舞蹈教师必须捕捉学生在教学过程中的动态，识别学生的问题，反思教学过程中的不足，完成相应的教学评估，并找到解决方案以优化下一步的教学任务。教学评价要求教师立足民族文化，以最大限度地发挥教学作用为目标，根据思考和分析得出相应的评价，这就要求中职院校民族民间舞蹈教师要有敏感的直觉和判断力。

在民族民间舞蹈的教学评价活动中，为了最大限度地发挥教学作用，需要考虑：民间舞蹈来源于各族人民的真实生活，教学活动也以技能训练和文化遗产为主要内容。在教学中，它不仅涉及师生之间的技能传授，而且反映了对民族文化价值的影响。教师不仅需要了解学生的肢体动作是否准确，风格是否典型，还需要在教学过程中逐步让学生了解动作背后的文化特征，学会用不同的民族文化标准来检验相应的身体表现，这样客观的评价态度是完成一堂课不可或缺的一环，也是学生对文化传承应有的态度。教学考核既发生在课堂上，也发生在课堂外，作为考核的主体，教师需要在课堂考核中找出问题，或展示和纠正，或引导和鼓励，价值探究就包含在其中，课堂外制定方案优化环节，随时根据教学进度对内容进行调整，使不同的考核效果能够达成预期目标，使学生在了解民族文化的基础上，有效提高教学质量，呈现民间舞蹈的风格特征。

（1）基于教学目标三个维度设计评价标准

设计民族民间舞蹈课程思政教学的考核标准要充分反映学生的逐步成长，考核标准可以基于预先确定的立体教学目标，重点在情感、态度和价值观维度下进行教学评价，以体现思想政治教育的教学效果。根据教学目标的三个维度，思想政治教育目标下的教学评价也可以分为三个层次：首先，根据知识和技能标准，学生对思想政治教育知识的理解和运用。教学考核的设计应分为两部分，即对思想政治教育知识的理解和从民族民间舞蹈课程的角度对思想政治教育知识的应用。其次，在过程和方法标准下，学生形成思想和政治知识相结合的思维路径，以解决专业问题。思想政治教学历程所孕育的思想政治教育方法论，是指运用思政教育思想，系统地发现专业问题，在出现各种实际问题时作出反应的能力。例如，出现紧急情况，个人对事件的态度和行为，这种应用知识的能力具有独特的专业素质和价值观，并具有可持续发展的潜力。因此，教学评估应注重学生在面对适当的实践活动时，从专业角度识别和解决问题的能力。最后，根据感受、态度和价值观对学生的意见进行评估。思想政治教育有利于学生形成正确的世界观、人生观和价值观，因此，这也是教学评估的核心环节。

（2）基于过程性评价与阶段性评价相结合设计评价标准

在中职院校民族民间舞课程教学中，思想政治教育的教学评价可以侧重于过程评价和形成性评价相结合，加上客观量测和主观概括测试，体现课程专业知识传授与思想政治价值观引导，使教学评价能够集中于如何改进教学效果。一是多方参与的评价方法。教学考核主体应包括舞蹈教学团体主体、第三方教育主体等，教学主体应结合过程表现和成果水平进行综合评价。例如，在课堂表演和舞台表演的背景下，重点应该放在对学生的描述性评价上，而不是计分卡上。在描述性评估中，教师需要从整体上了解学生的发展，关注学生的日常表现并给出具体描述。二是评价方法以过程为导向。过程考核既能全面反映学生的阶段性发展，又能避免与思政课程的教学目标相混淆。民族民间舞蹈教师在教学和实践中，应根据学生的不同情况对其进行描述性评估，以反映学生的发展水平。此外，教学活动记录可以作为过程评估的基础，阶段性结果的记录可以作为概述评估的基础。这种类型的最终评估可以与预先确定的教学目标相结合，以反映教学的实际效果，为后续的课程改进提供思路，并作为课程反思的重要基础。

（3）教学评价的正反馈机制：教学考核—教学反思—教学改革

教学评估的主要作用是反思教学，促进课程改进的持续发展。在教学考核—教学反思—教学改革体系中，要结合教学考核来考虑教学实践，主要解决的是思想政治因素的发展是否全面，思想政治因素是否融入专业教学实践，思想政治因素与专业课程知识体系的结合是否合适，教学方法是否合适，教学语言是否合适，教学考核是否起到了促进改进的作用。教师可以采用反思的教学方法，包括教材反思、舞蹈专业组联合反思、邀请课程思想政治专家参与评价反思等。作为正反馈体系的中间步骤，教学反思可以从两个角度进行设计。第一，基于过程评估，以反思促进教学的改进，即课程教学、课程考核、课程反思、课程改革。在使用过程评估时，教师应采用持续改进教学实践的方法，其优点是能与课程教学一起不断简化教学实践的设计、教学方法和内容结构。这种模式下，可在准备过程中邀请思想政治课程专家参与讨论和提问，思想政治课程专家应参与教学实践并得出评估结论，第二，在反思中确定教学改进意见的教学评估。在定期考核基础上进行反思，进而促进教学改进，即比较水平、找出问题、反思和完成改进。只有运用正确的教学评估正向反馈系统，才能不断提高教师对民族民间舞蹈课程思政教学改革的认识，更好地完成中职院校民族民间舞蹈课程的教学改革任务。

第四章　我国高校体育舞蹈教学中课程思政建设分析

第一节　高校体育舞蹈教学育人特征分析

1.立德树人与德艺双馨的育人使命

以德育人是教育的根本价值，也是教育的精神功能。只有“树立善德”，才能“树立好人”。在舞蹈体育高等教育实践中，德艺兼备是以德育人的具体体现，也是舞蹈运动的一个特点。在探索体育舞蹈课程思政教育实践时，全面开展具有“课程教育、竞技教育、工作教育、道德教育”基本特点的专业课程，为培养德艺双馨运动和表演人才提供了支撑。

2.德、智、体、美、劳“五育”协同

体育舞蹈集教育、竞技、艺术、社会、娱乐等价值于一体，为“五育”协同的实践探索提供了重要的理论视角。其一，道德教育是体育舞蹈教学的重中之重，也是开放知识技能教育的基本前提。“大课程”的概念，涵盖了“课堂、竞赛、作品、道德规范等”等广泛的教育渠道，为学生提供了一个全面的过程和全面的教育环境。其二，认知教育是关于体育舞蹈的系统科学文化知识的教学，是包含记忆、评价、批评、创新等能力思维的综合性思想教育。体育舞蹈学生要想掌握高超的舞蹈技巧，就必须在“了解体质、提高身体机能、了解舞蹈文化、制定比赛策略、通过压力测试”等一系列系统学习中克服障碍。这要求学生在“运动解剖学”“体

育训练”“西方舞蹈文化史”“运动心理学”等系统知识中培养系统、精确、层次分明、批判性和创新性的思维能力。其三，运动舞蹈技能的形成和提高是最直接的体育活动，它不仅能使学生有健康的体育活动，还通过体育技能的训练和完善，培养学生“持之以恒、永不放弃、精益求精”的意志。其四，体育舞蹈的审美教育价值可谓丰富多彩，如身体之美、音乐之美、风俗之美、服装之美，这种潜意识中的美培养了学生的直觉美感并体现在表达上。其五，多种形式的工作教育，如教室清洁、社会活动和志愿者服务，为体育和舞蹈学生提供特殊教育，以适应社会需求。需要注意的是，体育舞蹈虽然具有许多价值和丰富的教育意义，但需要考虑促进学生德、智、体、美、劳的整体发展。

3.内化于心与外化于行的价值同一性

在体育舞蹈的系统学习中，无论是在技术层面上对动作技能的展现，还是在思想层面上对舞蹈情感的阐述，都需要呼应“内在心理”的内在知觉系统结构和“外在形式”的外在表达系统结构。只有吸收、沉淀和感受艺术情感，学生才能在模仿、技巧等技能形成的规律中对外表达。在更深的层次上，体育舞蹈中独特的文化贵族礼仪，不仅是外在的行为，而且是发自内心的审美情感和身体诠释。在高校体育舞蹈课程思政的实践中，通过长期系统的学习、训练、比赛、表演，学生不仅身体机能不断提高，而且在思想、感情、审美观念、文化内涵等方面都有不同的变化。

4.终身学习意识与生命健康意识的培养

当下，终身学习是当代大学生必须具备的基本素养，也是适应社会不同行业发展需求的核心能力。社会的不断进步，不能缺少终身学习意识对于用理论武装头脑的重要作用，也不能缺少具有生命健康意识的年轻人的艰苦奋斗和进步。为了更熟练、更准确地掌握先进技术和先进知识，终身学习和生命健康成为体育舞蹈学生群体的必然选择。此外，运动舞蹈所蕴含的“激情、活力、进步、和谐”的生活意识和健康意识有其独特的价值意义，无论是一群专业舞者还是业余大学生，这种生命健康意识对其生活方式和身体机能都会产生深远影响。

第二节　基于“大课程”理念的高校体育舞蹈教学育人体系建构的途径分析

在课程思政理念的贯彻下，不同学科、不同专业、不同课程都体现出不同的教育理念和逻辑。作为一个集价值多样性、表演实践性、文化差异性于一体的体育艺术项目，传统课堂在一定程度上降低了课程思政与专业知识的充分融合，因此，需要构建一套属于体育舞蹈课程的“大课程”教育理念。通过夯实“课程教育”主渠道，把“竞争性教育、劳动教育、道德教育”等多种教育形式衔接起来，将思想政治之“盐”充分溶入“大课程”的汤中，更深、更广地推进课程思政改革。

1.课程育人

毋庸置疑，以专业技能、舞蹈理念、教学方法和训练方法为核心组成的课堂，在高校体育舞蹈教学中仍然发挥着基础性作用。但随着信息技术的不断创新，“黄金课程”概念诞生，包括线上线下混合课程、虚拟仿真课程、高质量开放在线课程。因此，体育舞蹈课程不仅要考虑课程思政和专业知识在传统课堂上的有效融合，更要考虑在新的课堂模式中课程思政的价值，并利用信息技术、虚拟模拟等教育渠道，更有效地促进体育舞蹈中的沉浸式学习体验和教学创新。

（1）学科知识

20 世纪 90 年代，舞蹈是第一个进入高等教育领域的运动。它的大部分知识体系、学科特征和研究标准都遵循体育教育的特点。21 世纪初，天津、广东、成都、上海等地的体育高校开始通过舞蹈学、舞蹈表演、舞蹈编排等艺术教学，探索培育体育舞蹈大师的路径。当前，对高校学科和专业的系统评价为高校艺术的建立提供了明确的客观政策和价值准则。除了公共体育课程和体育选修课，体育舞蹈学科的知识体系逐渐回归智能艺术。系统地结合体育舞蹈学科的知识体系，深刻理解体育舞蹈的知识、意义和学科特征，可以为课程思政建设提供有益的经验。从课程思政角度出发，探索体育舞蹈教学，首先要明确舞蹈学、舞蹈表演等艺术的专业知识体系。体育舞蹈课程的特点，为体育舞蹈项目不同知识模块中的课程思政提供了多元的内在视角。

（2）课程结构

学科的区分主要体现在知识体系的差异上，不同的知识群体、方法论、价值观和研究实例共同创造了不同的学科体系。课程体系是知识体系的具体体现，是育人的主要渠道，是重要的“最后一公里”。仅凭一门舞蹈技术课程系统地完成教学任务是很困难的，只有充分发挥不同类别课程的结构功能，才能从教育价值、质量、审美意义、身体形态、行为习惯等方面充分实现教育功能。例如，拉丁舞技巧、现代舞技巧、芭蕾舞训练、体能训练、运动舞蹈技巧等技能课程侧重于身体技能。如拼贴英语、运动舞蹈史、中外舞蹈史、运动解剖学、运动心理学等“知识课程”以知识收集为重点；运动美、舞蹈鉴赏、音乐鉴赏、艺术与美等艺术课程侧重于艺术美。只有从“系统论”的角度重新评估体育舞蹈课程的结构，才能在课程思政实践的探索上取得进展。除了传统的课程，基于“好课程”的概念探索实用课程也是完善课程结构的重要组成部分，这里不再赘述。

（3）师资队伍

在高等教育改革的背景下，人才是关键。师资队伍建设是我国高校科研教学和体育舞蹈训练改革的主要自变量。因此，创新建设理念，培养适应新时代需要的师资队伍非常重要。依据高等教育体育教育的拓展要求，我国早期体育舞蹈教师主要从高难度表演类的体操和艺术体操项目发展而来，这些项目具有各自的“运动”特征。1997 年，北京舞蹈学院开始学习和探索运动舞，随着社会音乐舞蹈教育系（后改名为“社会舞蹈系”）增加国际标准的舞蹈（运动舞蹈）教学，一些专业舞蹈家或专业舞者开始学习和探索运动舞蹈，国内艺术院校体育舞蹈教师的总体结构呈现出“艺术”的特色。随着我国体育艺术高等教育的发展，体育院校、一些综合性学院和少数艺术院校的体育舞蹈学院都表现出了体育与艺术相结合的首要特征。一部分课程由具有体育背景的教师授课，另一部分艺术课程由具有艺术背景的教师授课，体育与艺术的综合不断深化形成以体育舞蹈为代表的体育与艺术。目前，体育与艺术的融合非常紧密和深入，只有在体育与艺术相结合理念的指导下，才能实现体育与艺术的交汇，发展学科综合知识、应用能力和培养一支具有体育艺术学习理念的教师队伍，共同构建具有理念指导、阶梯建设、持续培养、机制保障的体育舞蹈教师体系。

2.竞赛育人

比赛是体育舞蹈推广普及的重要渠道，也是当代大学生提高素质、维护身体健康的有效手段。以中国体育舞蹈联合会（CDSF）、中国国际标准舞总会（CBDF）和中国大学生体育协会体育舞蹈分会（CUDSA）为代表的行业组织，以竞赛的形式推动了高校舞蹈运动的快速发展，并取得了显著成效。除了开设艺术专业的高校，其他普通高校也通过公共体育课、选修课等多种形式普及运动舞蹈项目，通过基础节奏、同步速度、竞技组合的短期学习，学生需要克服体能考验和挑战、音乐节奏等方面。最后，学生可以通过校园比赛、校级联赛、城市联赛、省级地区联赛、全国锦标赛等多种形式参加体育比赛，感受竞技运动在赛场上的吸引力，培养老少皆宜的运动习惯。

20 世纪 80 年代，随着中国改革开放步伐的加快，体育舞蹈出现了重要的发展机遇，参与人数逐年增加。1987 年，中国举办了第一届“国际标准交谊舞比赛”。由于起步较晚，中国体育舞蹈从业者虽然在数量上比亚洲其他国家有质的优势，但除了个别选手在世界范围内崭露头角，高水平舞者很难在竞技成绩上取得全面进步。2010 年，广州亚运会为中国舞蹈运动进入高水平行列提供了历史性的机遇和舞台。2010 年，经过近半年的筹备，中国代表团踏上了这个历史性的舞台。来自日本、韩国、中国香港、中国澳门和中国台北等 9 个国家和地区的 12 支队伍角逐 10 枚金牌。最终，中国代表团包揽了十支舞蹈的金牌，展现了中国体育舞蹈在亚洲的绝对优势，如表 4-1 所示。同时，这一历史记忆也被记载在中国体育舞蹈史上。

表4-1　2010年广州亚运会中国代表团金牌一览表

选手名单	获奖项目	代表城市
杨　超　谭轶凌	标准舞 5 项	上海
	标准舞—快步舞	
石　磊　张白羽	拉丁舞 5 项	广州
	拉丁舞—恰恰舞	
沈宏梁　喻　洁	标准舞—探戈舞	北京
	标准舞—华尔兹	
王　为　陈　金	拉丁舞—斗牛舞	北京
	拉丁舞—桑巴舞	
吴稚安　雷　莹	标准舞—狐步舞	广州
范文博　陈世瑶	拉丁舞—牛仔舞	广州

通过中国体育舞蹈在广州亚运会上取得的重要成就，从竞技体育文化的角度来看，它不仅代表了中国体育舞蹈产业 20 年来的快速发展，而且较之国家复苏、国家繁荣、科技发展、人民幸福等诸多愿景展现了产业的价值和重要性。竞争精神使体育舞蹈备受重视，如果中国体育舞蹈的水平要向前迈进，就必须融入全球化文化浪潮中，奋力拼搏，在国际舞台上展现中华民族独特的竞争精神和文化。从高等教育的角度来看，虽然参加舞蹈比赛不是学校教育的首要任务，但它侧重于正常领域（如校园比赛）的身体和心理体验，民族精神和民族自豪感无时无刻不在对平凡的大学体育舞者进行洗礼。在体育舞蹈的竞技学习中，团队精神、尊重对手、尊重规则等思想政治教育的内容，以融入专业概念的形式在体育舞蹈的“大课程”概念下被学生理解。

除了2010年广州亚运会经典的竞技育人案例，郭淑婉、孙成红等中国选手还获得了英国公开赛、黑波尔舞蹈节的世界冠军。再如，2019年1月20日晚，在霍夫堡皇宫举行的“CBDF维也纳中国新年舞会”上，北京大学、新瓦大学、复旦大学、中国大学、浙江大学等和耶鲁大学、哈佛大学、牛津大学、斯坦福大学、剑桥大学等世界知名大学的学生一起跳舞，不仅宣扬了“竞技学习”的重要价值，也从文化交流和外交的角度促进了中国与世界高等教育的文化互动。

3.作品育人

体育舞蹈不仅具有明显的竞技性，还具有不容忽视的艺术价值，甚至有学者将体育舞蹈的艺术性作为其第一品质进行建构和剖析。与寻求更高、更快、更强的竞技体育不同，艺术作品是储存复杂的人类情感生活的重要载体，意大利哲学家、美学家克罗齐称之为“有意义的形式”，美国著名象征主义者苏珊•朗格称之为“内在生活”，而这些情感的载体是艺术品。在历史的长河中，留下了一批不可思议的杰出艺术作品，这些珍贵的精神宝藏从未缺席过人类的进步。在对体育舞蹈作品的探索中，学生可以以作品的形式再现中国历史，介绍中国文化，赞美伟大时代，介绍社会主义核心价值观，进行深刻的艺术批评。这种课程思政模式，在舞蹈艺术的传播、传承和影响方面具有潜在优势。

（1）作品育人的方法

对舞蹈艺术进行鉴赏，是德育教学的一种手段。具体来说，教师在教学过程中首先给学生观看一些优秀的舞蹈作品，然后学生在观看过程中渐渐得出自己的感悟和看法，进而对舞蹈作品中所表达的思想情感有了更好的理解或者逐渐形成总结。教师想要通过舞蹈鉴赏来实现思政教育，需要在教学目标上多下功夫。兴趣会影响舞蹈教学的效果，教师要充分认识兴趣的重要性，例如，目前很多学生都比较关注现代舞曲。同时，教师还要把各种舞蹈的内涵了解清楚，从中找出学生能够学习的思政点，让学生学会对作品进行鉴赏。虽然大部分学生都对独舞不太感兴趣，也不太了解，但是教师不能放弃艺术的拓展教学，要让学生多接触一些舞蹈，一旦学生有了足够的认知量，就可以更好地对艺术进行赏析，还可以提高审美水平。在学生鉴赏能力提升方面，教师可以先跟学生一起鉴赏舞蹈作品，尤其是近年来市面上涌现出的具有创新和情节感的舞蹈作品，其中的思政内涵特别丰富，对提升学生的鉴赏能力有很大帮助，还能让学生从中了解思政方面的内容。

在舞蹈鉴赏方面，教师可以充分利用多媒体资源吸引学生注意力，调动学生的积极性和主动性。以舞蹈作品《唐印》为例，该舞蹈主要通过唐朝人们的生活方式来表现盛唐繁荣的气象，学生可以从舞者们在表演过程中的步伐、行为姿态中体会到舞蹈作品所表达的思想感情。在舞蹈鉴赏方面，教师还可以利用舞蹈的背景，让学生从舞蹈作品中体会到思政教育的元素，例如，《凤凰》是带有民族特色的舞蹈，主要讲的是一只凤凰给部落带来了光明，很好地保护了人民。舞蹈中很多细节都体现在动作与神情中，通过教学，教师更好地帮助学生鉴赏舞蹈艺术，尤其是让学生充分领悟舞蹈中所表达的内容，此时的舞蹈渐渐成为教师开展思政教育的纽带。

在实际教学中，教学内容主要包括两种，一种是显性的，另一种是隐性的。显性的内容主要是专业课程内容，而隐性的内容不同于显性内容，主要通过教学形式体现出来，存在于知识体系中。因此，教师在教学方面要拥有一定的思政意识，要注重备课环节，深挖学科知识中的思政元素。需要注意的是，课程思政教学并不是让教师单独给学生上思政课，而是让教师总结相关思政元素，以专业知识教学为媒介，开展思政元素与专业知识的整合工作，如此才能更好地帮助学生学习知识，有效提高学生的学习效率。

舞蹈如果学好了，不仅会提高学生的舞蹈水平，而且会提升学生的审美能力。当舞蹈把社会准则和道德品质作为基础的时候，舞蹈的德育功能就得到很好的发挥。舞蹈中潜在的德育价值很高，主要表现在人生感悟和生活态度等方面，把思政教育融入舞蹈课程中，能够将舞蹈中潜在的德育价值充分发挥出来，更好地提高学生的道德素质，还能够将舞蹈作品中人物角色给观众带来的积极体验与情感共鸣很好地表现出来。作为舞蹈教师，在教学过程中要注重舞蹈中潜在的德育价值，多用具有教育意义的舞蹈作品来举例，对提升学生的道德修养有很大帮助。

（2）“剧目育人”案例：体育舞蹈舞剧《海河红帆》

舞剧《海河红帆》作为全国首部获得多项资金支持的综合性体育舞剧，改编自刘宇文学作品《刀锋》，不仅为观众再现了20世纪天津的历史记忆，更体现了中华儿女心中不可磨灭的红色信仰和理想的光芒。2020年，创作团队对体育舞蹈剧《海河红帆》进行了更新。新版《海河红帆》将原有的四集压缩为两个元素，重点突出运动舞蹈元素，主线更加集中。据主演温梦远介绍，新版《海河红帆》的难点在于跳出“中国精神”，跳出“时间感”。正是这种“中国精神”的表达，彰显了赞美历史、赞美英雄、赞美人民的精神力量，同时“不忘初心，砥砺前行”的号角声在新时代的中国儿女心中久久回响。

首先，舞剧《海河红帆》以体育舞蹈为载体，以角色演绎和故事情节上下串联，既能使身为演员的学生深深被人物思想与宏观社会语境之间的情感联系所打动，又能在不知不觉中通过情节和牺牲精神及所涉及的革命情感来激励观众。

其次，在体育舞蹈教学实践中，以《海河红帆》作为经典作品鉴赏，教师可以通过历史背景呈现、情节分析、演员情感的肢体诠释，构建体育舞蹈、舞剧的课程思政知识体系，更生动地完成舞台表演和提高道德修养。

最后，舞剧不是戏剧，其主要特点是艺术的物理演绎。这就要求学生在学习、实践、模仿、表演和体验精神洗礼下，在将艺术情感外化为舞蹈动作的过程中，要有充分的同理心。

从课程思政的角度看，体育舞蹈在以工育人、以表演促教、以编辑促教等方面，都显示出极大的普及度和发展潜力。除《海河红帆》外，还有《红舞尖》《长恨之歌》《花样年华》等剧目以及以古典文学作品、文化符号、历史参考等为题材的作品。2019—2020年，在人气综艺节目《舞蹈风暴》中，首批体育舞蹈舞者深挖中国文化历史，传承中国精神，树立文化自信，讲述中国故事。这些有益的探索，从课程思政的视角出发，为体育舞蹈教学的发展提供了重要的理论基础和广阔的实践空间。

（3）沂蒙精神融入：舞蹈片段《我的家乡沂蒙山》

教师在教学中可以以作品《铁道游击队》舞蹈片段《我的家乡沂蒙山》的鉴赏实现沂蒙精神的融入。在教学过程中，教师先介绍舞剧《铁道游击队》的基本信息，《铁道游击队》一经亮相收获好评无数，剧中《我的家乡沂蒙山》片段，作为舞剧中极具山东省民间地域特色的女子群舞，凸显了山东省民族民间舞的质朴风格，更彰显了“沂蒙精神”；继而通过介绍作品的创作背景，进一步讲述作品的形式亮点和思想内涵、价值体现。在舞剧中，铁道游击队的故事以一种别开生面的文艺形式，为观众带来了一次颇具创造性的视觉呈现。在作品的编创上，舞段《我的家乡沂蒙山》作为代表性舞段，在舞蹈编导思维方面体现出其创新性——对于刘知侠同名小说的改编，实现了从文学作品到舞台剧场的创造性跨越。作为具有山东省民间特色的舞蹈剧目，舞段《我的家乡沂蒙山》在舞蹈语汇的选择与运用上也体现了其创新性。该舞段将山东省沂蒙地区的传统音乐与现代音乐相融汇，并通过这种融汇性舞蹈音乐，选用了山东地区特有的胶州秧歌以及海阳秧歌舞蹈元素进行创作，在尊重原著的基础上，进行了凸显山东省民间舞蹈本体的创作。该舞段在运用传统民间舞蹈的基础上，把握住流行音乐舞蹈元素融入的“度”，使山东省传统民间舞蹈完美契合现当代观众的审美取向，实现了文学经典人物与山东省民间音乐舞蹈在语汇与情怀上的高度契合与完美统一。最后，教师可从精神层面引出作品所体现的沂蒙精神——该舞剧从文学作品跨越到舞台剧场，舞段《我的家乡沂蒙山》不仅实现了舞剧编导思维层面的跨越，也实现了舞蹈语汇层面的创新，更在思想层面与沂蒙精神契合，舞段《我的家乡沂蒙山》中的女子群像质朴而美丽，通过经典山东秧歌语汇将沂蒙地区的风土人情和文化底蕴呈现在舞台上，深度还原了“水乳交融、生死与共”的沂蒙品性，将沂蒙精神化作舞蹈内容表达，实现了舞蹈精神表达的高度升华。

4.文化育人

（1）提升高校科研成果与教育教学改革的转换效能

科学研究是高等教育推动教育教学改进的重要工具，也是通过创新思维引领学与教成功的重要手段。由于舞蹈运动在高等教育中发展较晚，高校舞蹈运动科研群体面临高回报、低质量、核心创作者群体尚未形成、跨学科深度关系不足等现实困难。针对当前的宏观教育环境，通过健全的科研理念产生成果，助力深化教育教学改革，已成为必然之道。如果科研成果与教学理念相适应的转化效果欠佳，在一定程度上会制约课程思政、体育教育融合等教育理念的提升。

体育舞蹈有悠久的历史积淀，其丰富多样的文化基因、实践形式、艺术联系、教育价值等，都是探索体育舞蹈课程思政教学改革的重要理论基础。高校教师对体育舞蹈的理解不能停留在技术速度、合奏、音乐节奏、竞技技巧等感性层面，应探索进一步提高体育舞蹈与课程思政融合的整体效果。

此外，高校体育舞蹈教师在知识储备、认知结构、研究动机、艺术考试与评价方法、课堂高等教育考核体系等方面也应相应完善，从而提升体育舞蹈“课程思政”教育与教学改革的整体成效。

（2）传统的课程理念与课程思政的整体贯穿

体育舞蹈与课程思政的衔接与融合，体现了德育和全面教育的价值。目前，高校体育舞蹈教学实践主要以传统意义上的知识或技能课程为理念，应充分应用线上线下混合课程、虚拟仿真课程、实践课程和职业课程等创新理念，从而进一步提高课程思政的深度和完整性。

（3）中国特色的体育舞蹈育人理念是课程思政改革的最大亮点

体育舞蹈是一种集体育、艺术、社交、娱乐于一体的文化形式。从文化的角度来看待舞蹈的不同性质，可以在更大范围和更深层次上理解体育舞蹈。在体育舞蹈、高等教育领域，不应只注重简单的技术模拟和文化复制，有必要探索中国特色体育舞蹈系统教育的理念。

5.礼仪育人

在体育舞蹈中，无论是比赛还是表演，体育舞蹈舞者都会在表演结束时向观众示意，以表达对观众的尊重。在舞蹈表演或比赛中遇到对手时的谦逊、尊重和与观众的互动，都体现在现代大学生参加舞蹈运动比赛的教育中。礼仪不仅体现在场地或舞台上，还体现在平时，由于二重舞这种独特的舞蹈形式，体育舞蹈节目特别强调舞伴之间的相互尊重和合作。教师和学生可以以舞蹈运动的形式开始或结束课程，以表达特别感谢。总的来看，体育舞蹈鲜明的礼仪文化不仅为“德育”提供了重要载体，也对培养当代大学生的行为礼仪具有一定的借鉴意义。

第三节　高校体育舞蹈课程思政育人体系建构分析

1.提高体育舞蹈教师的能力是课程思政融入育人机制的保障

在课程思政的总体视野下，体育舞蹈教学研究呈现出整体性、长效性、系统性的特征。不能仅从单一的研究视角、研究层面和学术角度思考体育舞蹈与课程思政的深度融合，因此，探索“专业知识体系、课程体系、部门体系、多维度考核体系、监测反馈体系”等一整套系统的运作途径，是课程思政深度融入教育的重要保障。

教师的重要性在课程思政教学中同样明显，教师教什么，学生学什么。对于提高思政总体水平，应率先考虑教师思政建设的认识水平和教学能力。

首先，体育舞蹈教师要破除对课程思政认识不足这一“桎梏”。体育舞蹈教师需要转变教学思想和理念，破除“以技术为主”的传统教学目标，以人的全面发展作为学生发展目标和个人教学目标，主动且积极地接受课程思政的教育理念，主动勇挑课程思政建设的大梁。行动之二，学院要增设课程思政相关的培训会、交流会、研讨会、报告会等，宣讲课程思政相关政策，解说教学注意事项，分享优秀案例等，逐渐消除教师的认识误区，使体育舞蹈教师明晰何为课程思政，如何进行课程思政教学等基础性问题。

其次，体育舞蹈教师要提高课程思政教学能力。教师的能力直接影响课程思政建设效果，包括体育舞蹈教师对思政目标的理解能力、素材的选择能力、教学方法的使用能力等。体育舞蹈教师需要借助中国知网、新华网、教育 App 等，主动向思政示范教学团队名师请教，并积极参加学校课程思政相关活动（如课程思政分享会）等，进一步提高个人的思政理解能力。教学思政融入的素材选取较为重要，换言之，教师要有精巧的思政切入点，在对思政内容有较为清楚、深入、广泛的认识基础上，根据班级实际情况，结合生活具体情境，选择合适的素材融入其中。

（1）教育理念嬗变，促进教育主体迁移

第一，转化教育理念，构建舞蹈教育与思政教育相结合的协同育人机制，搭建互动平台，促进全员、全过程、全方位育人体系的形成，发挥隐性教育的育人价值，在舞蹈教学中巧妙融入价值观内容，争取在教育目标迁移中更好地为学习者服务。这对教育者提出更高要求，舞蹈教师需具备跨学科能力，促进教育学、哲学、艺术等理论相结合，拓宽课程思政建设内涵，以开放态度看待舞蹈教学与思政教学间的关系，进而借助课程思政契机，跨越理论教学和实践教学间的沟壑，将有温度的舞蹈艺术作品推向社会，并在国际平台彰显艺术作品文化价值，促进我国软实力的逐步提升。

第二，基于素质教育理念支撑迁移教育主体，打破传统以知识传输为主导的育人体系，争取在舞蹈教学中关注学习者的价值观，基于主体个性特点促进其强化自由选择。因此，舞蹈课程思政教学中，教师可强化对传统德育教育的反思，明确学习者主体地位，以舞蹈教学为载体，引导学生客观认知特色社会主义核心价值观，借助舞蹈文化丰富舞蹈教学内容，在文化传承中强化价值追求，提升学生文化素养。例如，舞蹈课程思政教学方式创新实践中，教师进一步向学习者展现人与社会和自然之间的关系，基于舞蹈教学的实践性特点，展现思政元素魅力，利用有效渗透促进舞蹈课程优化。教师可借助访问、实地学习等模式，梳理文献，挖掘区域舞蹈形象，为增强学习者的创新力与创造力蓄力，助力生者在经验积累中生成正确的审美观。此外，教育主体迁移阶段，可适当促进校内小课堂与社会大课堂全方位融合，利用社会服务、下乡演出等活动，增强学习者社会适应力，促进学生在活动体验中将理论内化于心，外化于行。

（2）拓宽课程维度，充盈课程思政素材

第一，深耕优秀传统文化，以其为基础丰富舞蹈教学。舞蹈教学是对肢体语言的解读，将利用体态向全球展现华夏文明魅力。相关体态语言来源于中华优秀传统文化，是我国历经千年传承积淀的精神诉求，其育人效果极为显著。从孔孟思想及理学精神中汲取育人力量，实现艺术文化与社会价值的有机关联，可在肯定舞蹈艺术育人价值的同时，感受其独特魅力，使其成为传承优秀文化的载体。因此，舞蹈教学中教师可强化对传统祭礼舞蹈的关注和重视，挖掘舞蹈体态背后的深层次内涵，基于具备强烈民族象征的舞蹈，阐述源远流长的华夏文明，在凝练优秀文化的同时增强学生文化自信，助力其感受传统文化的魅力，并自觉成为文化传承者。

第二，深耕区域文化，以其为载体支撑课程思政建设工作。舞蹈教学有丰富的区域文化为支撑，不同区域舞蹈艺术文化特征不同，教师可基于课程思政建设挖掘区域文化，走进蕴藏于文献和文物古迹中的文化形态，感受多姿多彩的肢体语言，鼓励学生透过不同历史时期的舞蹈语言，感受不同时代的审美及社会意识。例如，辐射范围较广的秧歌舞、采茶舞、花灯舞等，历经时代变迁，是区域风土人情的客观收录。教师可以借助互联网打破时空限制，向学生推送舞蹈相关的区域资源，助力学生解读肢体语言背后的优秀文化，可借助基本律动创新教育体系，搭建舞蹈教学与思政教学的沟通桥梁，使地方文化成为凝聚学生力量的有效载体，提高舞蹈教学的育人价值，使舞蹈教学成为记录地方文化名片的载体。

第三，挖掘红色文化，以其为灵魂涵养大学生品格。舞蹈课程思政教学中学生可以感受红色文化与红色舞蹈魅力，借助蕴含革命文化的优秀作品，感受红色文化的影响力，利用肢体语言阐述爱国情怀与奋斗精神。高校可促进学生成为校内文艺活动的策划者与参与者，使其在感受文化魅力的同时担负历史使命，增强爱国情怀。

（3）转化教育思路，建构多维联动机制

教学方法的选取尤为重要，以往笔者认为采取多种教学方法可以丰富课堂，提高教学效果，实际上，过多的教学方法会使课堂变得凌乱，无法真正提高教学效果。因此，教学方法的选择应注重高效性而非丰富性。当前，教学强调从“以教师为中心”转变成“以学生为中心”的理念，然而在教学实践中，我们往往只提出概念，在实际教学过程中仍然以教师为主导，课堂中多采用听讲、阅读、试听、演示等多种方法，这些方法的共性在于以教师为主导对学生进行知识的灌输，学生只需倾听，不需过多思考，导致教学陷入了教师费力讲解但学生学习效果不佳的局面。美国著名学习专家埃德加·戴尔在“学习金字塔”中用数字形象说明了不同学习方式两周后学习内容的平均留存率。他指出留存率低于30%的基本属于被动学习，而留存率高于50%的是学生的主动学习。“学习金字塔”表明主动学习的方式是讨论、实践与教授给他人。

因此，真正要实现从“以教师为中心”转变为“以学生为中心”，应该激励学生发挥学习自主性。教学活动开展要以学生为主。教学应该是学生通过课堂理解知识、掌握技能、具备适应社会的能力与形成正确价值观，要以学生为主，考虑学生需要什么，教师只是帮助学生获得学习的需要，适应社会的能力。舞蹈具有较强的实践性，因此要突出该特点，充分关注学生的个性差异，采用自主探究法、任务驱动、问题导向等探究式教学方法，引导学生不断产生思考与互动探讨。在教学实践过程中，笔者发现有的学生热情开朗、思维敏捷，学习积极性与舞蹈表现能力较强；有的学生性格安静沉稳，课堂上对于问题回答的积极性不高，不善于发表自己的意见；有的学生未能体会学习舞蹈的兴趣，对于舞蹈的学习一直处于从众跟随状态，等等。针对学生各自特点，教师可以采用小组讨论与实践的方式尝试让热情活泼的学生带动安静沉稳的学生，例如在舞蹈创编的教学中，以小组为单位，由思维敏捷的同学作为组长，根据教师的作业要求拟定、分配小组任务。要求每位组员都必须担任其中一项设计，发挥学生的统筹组织管理能力、舞蹈编创能力、作品构思设计能力等；在回课时，要求每位组员论述自己在小组中负责的任务与设计构思，让每位同学都参与到作品的设计中，增强其参与感，激发学生的热情与积极性。

学生正确的价值观，首先来源于个人在自我认识与社会认识中对事物产生的情感共鸣与判断，然后表现出对事件正确的态度认同，最终形成稳定正确的价值观，价值观的形成就是思维观念的形成。由此可见，课程思政不是简单地在舞蹈课堂中融入思想政治内容，或整堂课围绕思政元素展开教学，教师不断呼吁、灌输学生做人做事的道理，而是要注重在讲授舞蹈知识与技能中培养学生良好思维观念，帮助学生形成独立思考、明辨是非与价值判断的能力，形成新的正确价值观念。

在舞蹈教学中，传统模式通常依靠教师主观意识对概念、动作的理解与判断传递给学生，虽然学生能够接受，具有一定教学效果，但对学生产生的影响不够深刻，缺乏对学生思维观念的培养。因此，在舞蹈教学过程中，教师要以问题为导向，适当地放手让学生自主探究与实践。

第一，明确教育目标，切实化解知识传输与价值培育“两张皮”困惑，培育复合型舞蹈人才。首先，舞蹈教学过程中，教师须促进学生掌握与舞蹈相关理论知识与实践技法。学生具有良好的理论输出能力，切实打破理论与实践之间的壁垒。其次，以美育人，在知识传授阶段平衡学生个性，涵养大学生情怀，进而厘清思政教育、舞蹈教育间的关系。此外，为构建全员、全过程、全方位育人格局，形成良好教育局面，可在强化顶层设计中完善评价与考核体系，促进同类课程强化优势互补，进而借助静态改革和动态调整的方式，优化理论教育与实践教育环节，打造特色化舞蹈教育课堂，借助多维联动完善课程思政体系，培养德育双馨的新时代人才。

第二，优化育人联动体系，促进课上教育与课下教育联合，形成协同互动格局，打造沉浸式舞蹈教学机制。例如，舞蹈教师可与不同部门沟通和合作，展开系列爱国教育与科学精神教育，以思政元素为核心搭建立体化教育体系，营造和谐教育氛围，增强思政元素辐射力，在丰富校园内文化底蕴的同时，增强学生实践能力。此外，教师可鼓励学习者创新参与和主旋律相关的舞蹈活动，鼓励学生在艺术实践中感受革命文化与红色文化魅力。为促进课上教育与课下教育的协同联动，教师需不断加强反思，争取形成良性循环。此外，高校培养舞蹈人才时，可以借助下乡演出及实习感受角色变化，进而实现产教融合，以学生全面发展为目标，构建大思政教育格局，实现校内教育力量与社会力量的有机融合，强化对学生就业和创业等方面的针对性指导，进而促进学生在完善就业规划中增强自身能力，树立正确的就业观和择业观。

（4）完善支持力量，促进教师协同发力

目前，高师舞蹈各院校大都为针对输出适应社会需求的“一专多能、全面发展”的教育人才构建课程与知识体系，虽然较为全面性地考虑到了学生专业实践技术与专业理论素养的共同培育，但却应进一步重视学生自身能力的转化过程。能力的转化过程正如同阶梯状旋转上升的过程，看似往复循环，实则不间断式提升。位于能力发展首端的便是教师自身的言传身教能力、课堂把控能力及教学任务执行力，这些能力通过日积月累的教学实践，通过丰富真实的课堂经验积攒归纳而来。教师的个人能力愈强，则学生的中端能力与顶端能力也愈强。中端能力为学生专业技术的践行能力，这种能力由两类要素决定，首先便是自然要素，即学生入校本身所具备的专业素养。有些学生自身能力较强，对于舞蹈表演、编创的认知也更为深入具象；而有些学生的舞蹈经验累积于自小参加的舞蹈兴趣培训班，游离于社会艺术培训机构，此类学生虽然可称为“童子功”，但其舞蹈经验并不成体系，其舞蹈思维框架也不完善，但胜在基础较为牢固，有一定的时间优势，因而对于舞蹈也有自己独特的认知与诠释；但也有部分学生此前并未接触过舞蹈，至高中开始进入艺考培训机构进行短暂但强度较大的集训，其专业技术与能力将在短时间内迅速提升，但相比其他学生，这类学生对于舞蹈的整体认知则较为局限，综合素养也处于弱势层面。不同学生入校时所具有的专业素养与舞蹈的学习能力不同，此要素为不可操控性要素，具有不确定性。其次是人为要素，即学生在校期间所接受的各种教育，以及教师们对于学生日常学习与能力提升、知识学习等各方面的关注度，以及教师们对于学生的思想政治教育及正确价值观的树立。这种人为要素与教师自身教学水平与教学积极程度息息相关，教师教学热情高涨，课程内容丰富多彩、生动有趣，并且有独特风格，对于学生们日常学习与训练保持高度关注，学生们的能力与水平也将呈直线式上升，且由于教师自身热忱的带动，学生们也将随着这种言传身教，形成对自身专业积极正向的认知，此即能力转化的第一阶段，也可称为能力传递阶段。顶端能力即学生的意会与传授能力，这种能力已然由具象的身体技术能力上升至抽象化的意识能力，也即学生对于课堂内容的理解、领会力以及对于教学手段与方法的把控力。对此，需要教师作为学生学科知识体系的构建者下意识地引导与指点学生，在教学过程中除了注重总结课堂内容，更应关注归纳教学方法，让学生从教师的角度出发，理解课堂内容的传授需要一定的方法与手段，且需长时间的不断尝试与积累。

2.“五维”评价体系

评估是教学的关键部分。目前，基于技能考核的体育舞蹈考核逻辑在很大程度上限制了课程思政的实际影响。为加强和改善学校体育和美教，深化综合教育改革，促进教育改革的系统性、整体性和合作性，2020 年 10 月，相关部门《关于全面加强和改进新时代学校体育工作的意见》和《关于全面加强和改进新时代学校美育工作的意见》等重要文件，不仅明确了“十四五”时期学校体育与美育考核体系改革的重要性，也为各省因地制宜实施体育、美育综合改革提供了政策指导。体育舞蹈应从“以德育人”“德技兼备”的学术视角探索教学立体评价体系，探索构建包含“技能生成、知识应用、沟通与创造力、思维培养与行为形成”五个维度的立体评级体系。

第一，技能生成基于技能维度的评估逻辑。例如，对音乐课学生的音调、旋律、节奏、变奏等内容进行全面考察，以及对体育课学生的平衡、旋转、跳跃、翻转等方面做出评估。第二，知识的应用是对“知道它是什么”和“知道它为什么是真的”的深入分析，通过对项目的文化变迁和技术发展、操作链的结构和技术、技能应用的科学知识的评估，引导学生掌握技能学习中的知识，发展知识应用中的技能。第三，沟通与创造力是开放性考核维度，通过鼓励学生在师生协作、艺术考核、团队合作、多元中介等方面的积极探索，引导学生激发灵感，强化认同感，为思想培养奠定基础。第四，思维培养是对学生辩证的、层次的、系统的、批判的、创造性的思维能力的考察，通过现场问答、作文、创意等多种形式，引导学生思维逻辑的深入和国际化发展。第五，行为形成是课程思政影响的体现，在“身体、思想和行为”的逻辑发展中，通过心灵的灌输和行动的外在的价值引导，让学生深入探索“人”的深层价值和终极意义。

学生的思想品德提升是一个长期不断发展的过程，虽然不能做到各思政元素间水平均等，但是某一元素“掉尾巴”将影响整体教学效果。体育舞蹈教师要关注课程思政教学“短板”，创新教学方法，缩小差距，全面提升课程思政教学效果。

体育舞蹈教师获取学生多维信息能为后续确定教学方法提供依据，其中“多维”可以是时间序列的多维、获取手段的多维、评价主体的多维等。体育舞蹈教师可以在期中考核中加入思政教学效果评价，及时查看上半学期的课程思政教学效果，并及时调整下半学期的课程思政教学内容。体育舞蹈教师不单单以体育院校体育舞蹈课程思政评价指标体系作为评价标准，还可以通过教学观察、与学生交流等方法，甚至在学校资源充足的情况下引入技术手段进行监测，如人脸识别，进一步了解学生思政素养。体育舞蹈教师也要结合不同教师（主要指对本班级有任课经历的教师）、同学等意见，获取学生思政素养的基本信息。在充分整合信息的基础上确定集体“短板”内容，部分学生的“极端短板”内容等。体育舞蹈教师要根据“短板”内容选择合适的教学方法。现阶段各专业及专业教师都在积极探索教学方法，如信息化教学、项目式学习、情境式教学等。新式教学方法能够缓解传统沉闷的课堂氛围，增强学生学习兴趣，然而教师在选择教学方法时需要慎重思考，不可舍本逐末，要以教学内容为原则，即坚持“教学内容是本质、教学方法是内容”的外显形式的方法论。例如对于“尊重裁判”这一教学内容，采用角色扮演法让学生切身体会，能够加深学生对裁判员工作的理解，若采用教师讲授法则难以让学生产生长链条情感。

3.监督、反馈、改进综合体系

从课程思政角度看，体育舞蹈课程思政育人体系要在监测、反馈、改革等过程中形成实用、系统、持续优化的运行逻辑。首先，监督是对课程思政内容在体育舞蹈知识体系、课程体系、运动体系、考核体系等各环节的有效检验，是覆盖全员、全过程、全方面的链式复核。通过监督进行适当有效的控制，有助于对课程思政教育改革的深入探索。其次，反馈是一个基于监控的独立情报系统。体育舞蹈教学的课程思政教育实践过程、师生反馈、第三视角深度观察、教育评价结果等，都为优化系统结构提供了有效的决策依据。最后，通过监督与反馈的有效配合，体育舞蹈课程思政在知识点的分类与再选、实践方法的调整、考核指标体系的优化等方面，在监测和反馈方面发挥重要作用，这对于体育舞蹈课程思政教育的持续科学发展是必不可少的。

4.建构并完善特色、多元的体育舞蹈思政育人案例库

体育舞蹈在课程育人、礼仪育人、竞赛育人、剧目育人、服务育人等方面均具有显著的育人价值。随着我国体育舞蹈在运动训练、体育产业、艺术创新等方面的系统布局与快速拓优，体育舞蹈的思政育人知识体系应在动态建构中不断更新与优化。各高校应根据具体实践经验，立足一些全国性平台，构建并逐步完善以知识体系、实践案例等为内容的体育舞蹈思政育人案例库，通过及时更新与实践反馈，为构建高校体育舞蹈思政育人体系提供信息支撑。

对于如何解决学生课程思政教学广度不够和深度欠佳的问题，本研究认为可以从资源开发和整合两方面入手，凝聚教育合力，形成一体化的育人环境，使体育舞蹈学生活跃在思政的大环境中，而非单一的课堂思政小环境。例如美国高校广泛利用校园和社会活动、心理咨询、环境陶冶、宗教等方式进行德育教育，以促进青少年形成优良品德、崇高信仰、完备人格和综合素质。因而，充足的资源是实现体育舞蹈课程思政效果的前提条件和内在保障，体育院校需要绘制“课程思政资源结构示意图”，为资源共享提供方向。具体表现为：

首先，体育院校应明确体育舞蹈课程思政建设能够利用和需要利用的课程思政资源有哪些（如宣传部、后勤部、教务处、科研处、相关学院、思政专家、体育教研人员、校史馆、教育基地、荣誉墙、广播站、宣传栏等），为下一阶段资源共享做整理工作。

其次，体育院校根据体育舞蹈课程思政建设的资源利用情况划分核心资源和边缘资源，按照资源数量分为富裕资源和稀缺资源，横纵相交形成体育院校体育舞蹈课程思政资源矩阵结构，在课程思政建设过程中需要着重解决核心且稀缺的资源。

再次，体育院校要对外建立可公开的信息化课程思政资源库，通过资源动态共享解决资源稀缺对体育舞蹈课程思政建设的约束。体育院校体育课程思政资源库包括案例、活动、课程、教材等内容，通过以文字、视频、动画、图片等形式在校官网、公众号等平台开展全矩阵宣传；同时，校际平台之间还可以建立云数据储存平台，互通体育舞蹈课程思政数据库，发挥资源育人范围和效应的最大化。

最后，体育院校对内要保障资源的灵活运用，做到“一地多用”。体育院校要按照“精简、务实、高效、便民”的原则，制定相对简化的资源对接、利用的流程，取消无谓的证明和烦琐的手续，打通资源协同合作的“最后一公里”，最大限度盘活资源，提高资源利用率。

体育舞蹈教师要善于利用资源创造课程思政环境，使学生时刻活跃在思政的氛围中，借助环境建设潜移默化地影响学生的思想和行为，并在环境中检验学生将思政内容内化于心，外化于行的能力，实现“知行合一”。

5.以历史、理论、实践三大逻辑链条式推进科研创新与教育转换

体育舞蹈在科学理论方面的纵向挖掘与横向拓展是开展课程思政教育的重要基石。首先，从历史逻辑出发，体育舞蹈在技术演进、功能转换、服饰流变、审美变迁等方面的历史性特征为开展体育舞蹈社会科学研究提供了知识储备。其次，从理论逻辑出发，以体育舞蹈学科知识体系为基础的理论梳理与创新是推进课程思政系统化改革的基本前提。最后，在历史逻辑与理论逻辑逐步厘清后，课程思政实践则具备更加清晰的路径规划与未来导向。

第五章　我国高校课程思政建设融入舞蹈教学的效果评价指标体系构建

第一节　构建说明

1.构建原则

（1）科学性原则

科学性是指事物内容符合实际且能够反映本质规律，同时事物发展过程合理。在体育舞蹈课程思政教学效果评价指标体系构建中，科学性表现在：第一，以国家政策、法规、国家教学标准、高质量学术成果等为支撑，提取符合社会主义核心价值观的指标，具有坚定的理论依据；第二，以课程思政立德树人的任务作为一级指标，其二级指标来源于国家关于体育、艺术、思想等方面宏观性的政策、方针和精神，而三级指标在此基础上聚焦于体育舞蹈性质、体育舞蹈人才培养目标、体育舞蹈大学生特点等，形成由大到小的构建顺序，构建过程合理。因此，体育舞蹈课程思政教学效果评价指标体系具有坚定的理论依据和科学的方法支持。

（2）系统性原则

在体育舞蹈课程思政教学效果评价指标体系构建中，系统性表现在：第一，不同维度的体育舞蹈课程思政的评价指标处于不同层次，同一层次中各指标相互排斥；第二，由各评价指标组成的体育舞蹈课程思政教学效果评价指标体系是一个整体性的，并非简单目标的杂糅。因此，体育舞蹈课程思政教学效果评价指标体系是有层级划分且各级指标独立的整体。

（3）针对性原则

针对性是指对确定的对象采取具体措施。在体育舞蹈课程思政教学效果评价指标体系构建中，针对性表现为：将体育舞蹈作为评价指标构建的对象，即课程思政的评价内容体现体育舞蹈性质、学生特征等。因此，体育舞蹈课程思政教学效果评价指标体系是具有体育舞蹈特色的评价指标体系。

2.构建流程

体育院校体育舞蹈课程思政教学效果评价体系的构建流程：首先，通过文献资料法确定指标的来源，初建评价指标体系；其次，借助德尔菲法邀请专家对指标进行修正和优化，形成评价指标体系；再次，根据层次分析法编制问卷并请专家对各层级指标的重要性打分，确定评价指标体系中各层次指标的权重；最后，运用数理统计法计算各指标分值，如图 5-1 所示。

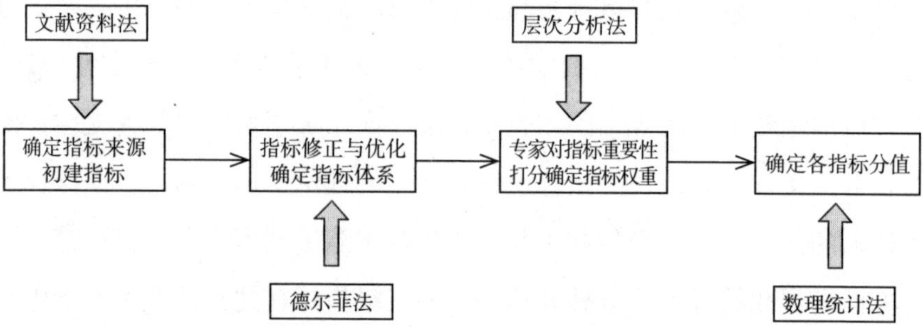

图5-1　体育院校体育舞蹈课程思政教学效果评价体系的构建流程

3.构建要求

（1）以《中华人民共和国教育法》为根本遵循

《中华人民共和国教育法》（以下简称《教育法》）是教育主体在教育活动中的行为参照，确保了教育方向的正确性，教育者要依据《教育法》的规定依法执教。教育应当立德树人，对受教育者加强社会主义核心价值观教育，进行爱国主义、集体主义、中国特色社会主义的教育，进行理想、道德、纪律、法治、国防和民族团结的教育，增强受教育者的社会责任感、创新精神和实践能力。

（2）以《高等学校课程思政建设指导纲要》为行动指南

国家出台了一系列思想政治相关的教育政策，其中《纲要》具有较强的引领性、时代性、前瞻性和全面性，要求寓价值观引导于知识传授和能力培养中，帮助学生塑造正确的“三观”，实现“立德树人有道，春风化雨无声”。《纲要》全面界定了课程思政的内涵、意义、目标、主线、重点、体系、方式、保障等问题，提出课程思政建设要紧紧围绕坚定学生理想信念，以爱党、爱国、爱社会主义、爱人民、爱集体为主线，围绕政治认同、家国情怀、文化素养、宪法法治意识、道德修养等重点优化课程思政内容供给，系统进行中国特色社会主义和中国梦教育、社会主义核心价值观教育、法治教育、劳动教育、心理健康教育、中华优秀传统文化教育。

（3）以《普通高等学校本科专业类教学质量国家标准》为参照标准

教育部 2018 年发布首个《普通高等学校本科专业类教学质量国家标准》（以下简称《国标》），对 92 个本科专业类培养目标、培养规格、教学条件等内容详细陈述，成为高等学校人才培养的参照标准。体育院校体育舞蹈专业多隶属于舞蹈学专业，对照《国标》中对舞蹈学培养要求可知，高校除了加强学生的基本素质、学科知识、专业能力培养外，还需要培养学生的艺术鉴赏能力、艺术实践能力和创新能力。

（4）以体育舞蹈方向人才培养目标为奋斗旗帜

人才培养目标是高校根据教学目标、学校性质和资源、社会实际需要对教学任务提出的具体要求，是学校核心价值的目标追求。宋娟等学者总结了我国 14 所体育院校体育舞蹈方向人才培养目标得出：高校致力于培养复合型体育舞蹈人才，要求学生具备表演、创编、教学、管理、训练、研究的能力。因此，体育院校人才培养需要充分考虑学生个人发展、专业素养、职业情操等内容。

（5）以体育舞蹈项目特征为选取标识

研究课程思政内容需要将思政内容置于课程内，即随着课程的调整思政内容的偏重将不同。

首先，基于项群理论而论，体育舞蹈属于技能主导类表现难美性项群运动，本项群既追求艺术美感，又要求运动员具备良好的体能、技能等基本运动素质。

其次，基于体育舞蹈的表现形式而论，体育舞蹈多以团体和双人的竞赛与表演形式出现。

最后，就体育舞蹈的文化性质而言，体育舞蹈是不同国家、不同民族文化交织碰撞的结果，是民族发展、地方特色、思想观念的呈现方式。因此，体育精神、文化传承、艺术审美都是体育舞蹈背后蕴含的思政内容。

第二节　高校体育舞蹈课程思政教学效果评价指标初建

1.指标的初建流程

其一，本研究以高校课程思政建设的根本任务（立德树人）为依据拟定一级指标；其二，通过剖析一级指标的内涵，查阅相关政策文件和相关文献，分析体育舞蹈项目特征等拟定二级指标；其三，根据高校体育舞蹈人才培养目标、体育舞蹈性质、学生特征、体育舞蹈课程内容、教学形式等拟定三级指标；其四，形成体育舞蹈课程思政教学效果评价指标体系（初建）。

2.一级指标的初建

全面推进课程思政建设是落实立德树人根本任务的战略举措。“立德树人”中“立”指践行和培养，“树人”指锻炼和培养人才，“德”较为复杂，按照不同层次分为大德、公德、私德。学生要做到明大德、守公德、严私德。本研究拟将明大德、守公德、严私德为作为体育舞蹈课程思政教学效果评价的一级指标，从国家、社会及个人三个层次对体育舞蹈蕴含的“德”进行剖析与整合。

3.二级指标的初建

明大德是根本，国无德不威。“明大德”中“大德”是对国家的德。具体而言，“大德”是个体拥有心怀国家、心系民生的崇高境界，自觉履行推动国家繁荣发展的责任和使命。张博玮（2021）认为明大德就是要教育学生具有爱国精神、家国情怀、坚定理想信念、自我奉献精神，爱国主义教育和社会主义教育都是主要的教育内容。文艺工作者还应担负文化传承与创新的使命。因此，拟定理想信念、时代责任、融合中西文化和服务社会与人民为体育舞蹈课程思政教学效果评价指标中“明大德”的二级指标。

守公德是源泉，业无德不兴。公德常被理解为公共道德，是公共场所和公共空间的道德要求，是人们在社会交往和公共生活中应该遵守的行为准则，公德区别于大德和私德，主要强调为他人和社会公共利益做出贡献。在我国现代社会中，社会公德主要包括：文明礼貌、助人为乐、爱护公物、保护环境、遵纪守法。体育舞蹈是一种具有严格礼仪要求的社交活动，也兼具礼仪功能，逐渐发展到舞者们同台竞技后又增加了规则和要求。因此，拟定文明礼貌和遵纪守法为体育舞蹈课程思政教学效果评价指标中“守公德”的二级指标。

严私德是关键，人无德不立。私德与做人直接相关，是个人修养、行为习惯、处理私人关系的道德规范，是对个体行为和操守的严格约束。面对复杂的社会思想环境，长期受到外域文化影响且性格开放、善于接受新鲜事物的体育舞蹈大学生，要抵御外界诱惑，守牢思想底线，保持正能量。高校体育舞蹈课程包括技术课、理论课和实践活动，与理论学习、技术训练和体育舞蹈实践相关的基础素养也将成为体育舞蹈学生需要掌握的思政目标。体育舞蹈的体育性和艺术性，要求体育舞蹈学生既要具备诸如永不服输、顽强拼搏、团结协作的体育精神，又需要拥有发现美、创造美的艺术审美素养。因此，拟定思想守正、技术扎实、体育精神和艺术审美为体育舞蹈课程思政教学效果评价指标中“严私德”的二级指标。

4.三级指标的初建

体育院校体育舞蹈课程思政教学效果评价的三级指标主要源于体育舞蹈课程类型及内容、课堂教学环节、实践活动、项目特点和学生特征，具体如下：

体育院校体育舞蹈专业开设的体育舞蹈课程类型为：技术课、理论课和实践活动。体育舞蹈技术课课时占比较大，以技能训练为主，包括标准舞技术动作教学、拉丁舞技术动作教学、体能训练、创编技法等。理论课的教学内容主要包括体育舞蹈发展、审美、教学、训练、竞赛、评判和科研等知识。体育舞蹈实践活动主要包括体育舞蹈教练员及评审的资格证考试，体育舞蹈校级、市级、省级、国家级、国际级的竞赛及各种类型的体育舞蹈表演。

体育舞蹈技术课可以从教学内容、教学环节、表现形式三方面确定评价内容。体育舞蹈教学内容主要包括基本元素、组合动作、套路动作；体育舞蹈教学环节包括开始阶段—热身阶段—基本部分—结束部分，从中提取出体育舞蹈学生要注重服饰和妆容、说话谦逊有礼貌、姿态端庄有气质、主动遵守上课纪律等内容；体育舞蹈表现形式包括个人、双人和集体，从中提取出个人训练要自律、吃苦耐劳，双人训练要学会处理同舞伴的关系，集体训练要懂得处理集体和个人关系、团结协作、相互帮助等内容。

体育舞蹈理论课主要根据教学内容确定评价指标，体育舞蹈理论教学内容主要包括体育舞蹈绪论、体育舞蹈审美、体育舞蹈教学和训练、体育舞蹈竞赛与评判和体育舞蹈科研五部分。从“体育舞蹈绪论”部分提取出新时代体育舞蹈学生要尽己所能参与社会体育，努力为体育舞蹈在我国的传播而奋斗，同时既要大胆借鉴西方优秀文化，也需要尊重中华优秀传统文化；从“体育舞蹈审美”部分提取出体育舞蹈学生要明辨是非善恶，拥有正确的审美观；从“体育舞蹈教学与训练”部分提取出体育舞蹈学生要不骄不躁、宽容失误；从“体育舞蹈竞赛与评判”部分提取出体育舞蹈学生要遵守体育舞蹈竞赛规则、维护竞赛公平、尊重对手裁判、注意服饰及妆容，具备体育精神；从“体育舞蹈科研”部分提取出“理技相辅”的课程思政内容。

体育舞蹈实践活动主要包括考取资格证、竞赛、表演。从考取资格证中可以提取出体育舞蹈学生为培养体育舞蹈后备人才努力、指导社会体育的指标；从竞赛中提取出立志为国争光、团结协作、不骄不躁、追求卓越、宽容失误等体育精神的内容；从表演中提取出舞蹈创编要尊重中西方优秀文化、努力将民族精神嵌入体育舞蹈元素中、尊重舞蹈作品、创作展示生活、钻研作品创造美、感知生活发现美等内容。

充分考虑体育舞蹈项目特点和学生性格特征及思想状况，体育舞蹈学生开放热情的性格特征要分场合和程度，比如训练时保持热情，日常生活中要含蓄内敛，同时要避免同学之间攀比，摒弃追求物质，绝不可“躺平”。

因此，本研究从体育舞蹈技术课、理论课和实践活动以及体育舞蹈项目特点和学生性格特征等方面提取出体育舞蹈课程思政教学效果评价的三级指标，形成体育院校体育舞蹈课程思政教学效果评价指标体系（初表），如表 5-1 所示。

表5-1　体育院校体育舞蹈课程思政教学效果评价指标体系（初表）

一级指标（X3）	二级指标（X10）	三级指标（X39）	来源
明大德	理想信念	学习国外舞树立爱国心	技术课：日常训练
		立志国际赛场为国争光	实践活动：竞赛
		集体利益高于个人利益	实践活动：表演
	时代责任	为培养体育舞蹈后备人才努力	实践活动：教练员资格证考试
			人才培养目标
		成为体育舞蹈复合应用型人才	理论课：体育舞蹈发展
		为体育舞蹈在我国的传播而努力	理论课：体育舞蹈发展
		敬重本土文化原真性	实践活动：创编

续表

一级指标（X3）	二级指标（X10）	三级指标（X39）	来源
明大德	融合中西文化	借鉴西方优秀文化	理论课：体育舞蹈起源
			实践活动：创编
		民族精神融入体育舞蹈	实践活动：创编
		创作展现生活	实践活动：创编
	服务社会与人民	指导社会体育	实践活动：资格证考试
			技术课：双人、集体练习
		上课互相帮助	实践活动：表演
			技术课：准备环节
守公德	文明礼貌	妆容得体	理论课：竞赛
			技术课：准备环节
		服饰大方	理论课：竞赛
			技术课：日常训练
		说话谦逊	技术课：上课环节、日常训练
		姿态端庄	技术课：准备环节
		遵守上课纪律	理论课：评判工作
	遵纪守法	遵守体育舞蹈竞赛规则	理论课：评判工作
		维护竞赛公平	理论课：竞赛
		尊重对手裁判	实践活动：竞技比赛
严私德	思想守正	保留内敛含蓄	学生性格特征
		适度开放热情	学生性格特征
		克服享乐主义	学生思想态度
		摒弃奢靡之风	学生思想态度
		处理舞伴关系	技术课：准备环节
		明辨是非善恶	理论课：审美教育
		理技相辅	技术课：新授课环节
			理论课：科研

续表

<table>
<tr><th>一级指标（X3）</th><th>二级指标（X10）</th><th>三级指标（X39）</th><th>来源</th></tr>
<tr><td rowspan="15">严私德</td><td rowspan="7">技术扎实</td><td>思训并重</td><td>技术课：日常训练</td></tr>
<tr><td>台下十年功</td><td>技术课：个人练习</td></tr>
<tr><td>克己慎独</td><td>技术课：个人练习</td></tr>
<tr><td>崇尚运动</td><td>技术课：准备环节</td></tr>
<tr><td>团结协作</td><td>技术课：双人、集体练习</td></tr>
<tr><td rowspan="2">追求卓越</td><td>技术课：日常训练</td></tr>
<tr><td>技术课：课堂展示</td></tr>
<tr><td rowspan="5">体育精神</td><td rowspan="3">宽容失误</td><td>理论课：心理训练</td></tr>
<tr><td>实践活动：竞赛</td></tr>
<tr><td>技术课：课堂展示</td></tr>
<tr><td rowspan="2">不骄不躁</td><td>理论课：心理训练</td></tr>
<tr><td>实践活动：竞赛</td></tr>
<tr><td rowspan="3">艺术审美</td><td>感知生活发现美</td><td>实践活动：创编</td></tr>
<tr><td>钻研作品创造美</td><td>实践活动：创编</td></tr>
<tr><td>尊重舞蹈作品</td><td>实践活动：创编</td></tr>
</table>

第三节　舞蹈课程思政案例分析

本节通过对近年来多所高校实行的舞蹈课程思政经典案例进行梳理，分析案例可行性与创新点，归纳总结目前高校舞蹈专业课程思政建设所存盲点，提出完善建议，以期对高师舞蹈专业课程思政建设提供点滴参考。

1.舞蹈课程思政经典案例梳理

总结多数舞蹈课程思政案例，可将其分为两类：课程实践、成果展示。课程实践，即教师将思想政治教育融入具体舞蹈专业课程中，改善既有教学目标与计划，真正实现思政教育入课堂。如表5-2所示。成果展示，即学院所举办的具有思政意义的舞蹈成品剧目汇演展示，剧目多为红色题材舞蹈作品，以展演的方式呈现教学实践效果，同时通过优秀经典剧目的汇演，对演员及观众进行思政精神的熏陶浸染。

表5-2 课程实践类案例

学校	课程名称	授课教师	思政元素	效果评价
湖北师范大学	舞蹈教育学	席 伟	现实中优秀舞蹈教师实例故事	让学生深刻感知作为一名舞蹈教师，她的政治方向和人格品质是至关重要的，要把德艺双馨作为一个优秀舞蹈教师的职业追求，并以实例法、以身示范法对学生进行积极引导，使教学发挥润物无声、潜移默化的强大作用
湖北师范大学	中国古典舞基训	许岳军	马克思主义中国化理论成果、中华优秀传统文化	学生在学习过程中，除了对所学知识的理解与感悟，还产生了对祖国、对中华民族的自豪感，树立了正确的“三观”，增强了民族文化自信，将社会主义核心价值观深植于心
淮阴师范学院	舞蹈鉴赏	张 璨	经典红色芭蕾舞剧《红色娘子军》	通过讲解舞剧《红色娘子军》在艺术性、人民性、世界性三个层面的突破，帮助学生树立正确的艺术观和创作观，增强文化自信，使专业课有情怀
兰州文理学院	形体舞蹈	张玉萍	中国传统艺术和体育在全民健身操中的完美结合、民族文化元素健身舞特色、民族健身舞文化精髓	建立过程性考核评价体系；评价指标涉及各项任务中的形体舞蹈理论及不同风格形体舞蹈训练；要求学生热爱国家、热爱学校、热爱体育锻炼，遵纪守法，遵守体育教学规章制度，爱护体育设施
广东技术师范大学	岭南舞蹈	张 明	岭南舞蹈文化及其人文精神	实现岭南舞蹈思政与美育教育协同育人
西华大学	舞蹈剧目排练	曾 焯	红色经典剧目	在课程学习中通过塑造人物来感受人物的所思所想，既获得良好的教学效果，又发挥了高校课程思政落实立德树人根本任务的重要作用

2.案例可行性与创新点

依据上述舞蹈课程思政经典案例梳理，可知目前已有较多高校成功实现了课程思政理念在舞蹈课程中的融入。无论是课程实践类还是成果展示类，都充分呈现出高校舞蹈课程思政的价值和意义，同时各院校推出的课程思政案例也从不同层面体现出创新性，由此可见，高校舞蹈课程思政建设效果较为可观并仍能保持持续发展态势。

（1）案例可行性

虽然不同课程案例具有不同的思政教育方式方法，每堂课程实践以及成果展示其背后所具有的思政教育动机却大致相同。从育人视角来看，上述诸多舞蹈课程思政案例均具有可行性，同时个别案例较为完善，可作为高校舞蹈课程思政案例样板，为高校舞蹈课程思政建设提供真实课堂参考。

1）抽象化思维与具象化课程的“虚实联动”

在如上所述的课程实践类舞蹈课程思政案例中，每堂课均有特定的思想政治教育理论与精神融入，教师们以独特、巧妙的方法和手段，将抽象的思政教育理念融入具象化的舞蹈教学课堂，这为课程思政理念与高师舞蹈专业课程的融合提供了切实可行的参考途径。在舞蹈课程的讲授过程中，完成课堂任务与教学指标固然重要，但思想政治教育入课堂的更大价值在于如何通过既定的舞蹈动作与组合教授或剧目排练来开拓学生固有的思维，从而在精神层面潜移默化地陶冶学生情操，规范学生德行。通过虚化可感的抽象化思维开拓加之切实可观的具象化课程实施，从主观层面入手进而以客观舞蹈专业知识传授，层次递进间，我们得以观照上述案例中思想启迪与课堂传授间虚与实的联动教学，透过上述诸多案例可知，课程思政理念与舞蹈专业课堂的融合切实可行。

2）心之内化与行之外化的“价值循环”

上述成果展示类舞蹈“课程思政”案例，均是通过具有思政教育意义的舞蹈剧目汇报形式进行的，教师首先尽心挑选出内容积极、立意高尚的舞蹈专业剧目，而后将这些剧目一一向学生讲解介绍，继而有序进入剧目的排练，并在排练过程中引导学生自行体悟作品主旨，感受创作者欲传达的精神要义，理解作品的文化氛围，待排练至技术纯熟之时举办以课程思政或红色文化为主题的舞蹈剧目汇报展示，最终通过较长时段的剧目排演，使参与排演的学生深入体会作品中的思想精神内涵，使观看成果展示的学生在不知不觉中受到思想精神内涵的熏陶，潜移默化、润物无声地把思想政治教育渗透学生内心深处。从剧目的择取到排演，这一过程是将作品所蕴含的思想精神内核内化于参演学生内心的过程，即“心之内化”的过程，而学生在了解、领悟作品意蕴主旨后又将此种意蕴主旨加之自身理解化为具象的舞蹈动作的过程，即为“行之外化”的过程，观众通过表演者外化于行的表演，以自己独特的视角去解读整个作品、整场晚会的过程又是“心之内化”的过程，这一过程中，教师通过观者的反馈，了解汇报中舞蹈作品思想政治教育成效，进而对剧目择取和排演方式进行改良，实现从内化于心到外化于行再到内化于心的价值循环，这同样是通过舞蹈课程思政成果展示各类案例可得出的高师舞蹈专业课程与课程思政理念融合的可行之处。

（2）案例创新点

各类案例的成功实施，与其所具备的创新之处息息相关。每个案例均有其独一无二的创新之处，但分门别类，这些创新之处可归为两点，即充分利用“隐性课程”以及持续关注人文价值，这不仅体现在思政元素的选取上，更体现在融入思政教育的思路和方式方法上。

1）充分利用“隐性课程”

众所周知，在普通高等教育人才培养过程中，“隐性课程”的作用不容小觑。“隐性课程”一般指潜在的课程，是在课程方案和学校计划之外没有明确规定的教育实践和结果。这种“隐性课程”的教学内容并非既定的，而是灵活多变的，其对学生的影响也是无意的、隐含的、非预期性的。毋庸置疑，在上述案例中，课程思政成果展示便可归属于“隐性课程”范畴，通过不定期的成果汇报演出，充分挖掘和利用“隐性课程”的价值，将学生熟知但倍感枯燥的思想政治显性教育润物无声式地转化为“隐性教育”，随“隐性课程”的实施实现其自然传授。通过资料搜集不难发现，多数高校的舞蹈课程思政都是通过成果展示的方式来实施，此举不仅关注了高师舞蹈专业往日忽视的“隐性课程”，更充分利用“隐性课程”的弹性教育特点，最大限度地实现了“隐性课程”价值发挥及思政教育无声融入。

2）持续关注人文价值

对于课程实践类案例而言，最值得关注之处即在于每堂课所引用的思想政治教育资源，对于高校舞蹈专业课程来说，思想政治教育资源的择取与该堂课课程思政实施效果息息相关。与课程内容主旨相契合的思想政治资源不仅能够在专业知识传授过程中起到推波助澜的作用，其自身的渗透也更为自然和谐，如若生搬硬套不恰当的思政教育资源，则不仅会导致思政教育传输生硬尴尬，更会影响专业知识的传授进度和质量，如揠苗助长，不利于课程思政的实施。上述案例的成功实施，也因教师所选取的思政教育元素与其课程内容高度契合，且都毫无例外地选取极富人文精神价值的内容作为思政教育资源融入课堂。“人文”即“人性文化”，只有此种尊重人、以人为本的价值理念，才更贴合青年学生的热血与情怀。各类案例中所选取的思政教育资源如中华传统文化、民族精神气节、历史榜样人物等元素，均关注以人为本的人文价值，从关注人、尊重人到关注民族文化、培养家国情怀，无一不是对人文精神和人文价值的关注与追求，唯有响应时代号召、弘扬主旋律的思政教育资源，才能真正打动新时代热血青年与莘莘学子之心。

3.案例盲点与完善建议

尽管上述舞蹈课程思政案例教学效果可观且已成功实施，然高师舞蹈专业的课程思政建设仍是发展态势，处于上升阶段，现阶段高师舞蹈专业的课程思政案例实施仍在不断摸索、试错、汲取总结经验的阶段，上述案例中也存在一定的盲点，笔者将依据案例盲点提出相应的完善建议。

（1）案例盲点

上述案例在实施过程中均体现了各自的优点与盲点，本节所提到的盲点，不仅针对案例实施过程，同样包括案例本身的设计理念。本研究分别就案例完成性评价及高校舞蹈专业特质分析盲点体现在评价维度单一所致的课程实践短板效应。

评价维度单一并非指向所有案例，仅有部分案例出现了以单一维度进行舞蹈课程思政实践效果评价，多数案例设置了较为全面的评价体系，如广东技术师范大学的舞蹈课程思政案例设计了过程性评价与终结性评价相结合的评价体系，但也有个别院校仅设置成果展示性评价作为最终评价标准，对于课程完整性而言终归不是合理举措。在课程实践类案例中，评价体系极为重要，不仅因为评价体系是教学质量效果的检验标准，更因为高校舞蹈专业的课程思政建设尚处于发展阶段，因此更需要评价体系来检验教学质量以完成对建设经验的总结，教学评价体系应当作为高校舞蹈课程思政发展与改革的指挥棒。倘若仅使用单一的评价维度进行教学评价，隐含问题长期得不到解决，也将导致课程实践出现短板效应，最终影响高校舞蹈专业课程思政的建设与发展。

（2）完善建议

上述案例盲点的出现并非偶然或巧合，在高校舞蹈专业课程思政建设期间，各案例所体现的盲点将作为建设经验，在高校舞蹈专业课程思政未来的建设和发展中也可有意规避此类问题，同时为高校舞蹈专业本身的转型升级提供定向参考。笔者建议高校优化评价维度，形成“五维一体”评价体系。

基于课程思政建设所提的“三全育人”理念，高校舞蹈专业课程思政实践也应秉持“全员、全程、全课程”理念。面对案例中出现的单一评价维度问题，教师实施者应着重将目光投放于评价体系的优化与完善上。高校舞蹈专业的课程思政实践应以“德艺双馨”“三全育人”等理念为人才培养视域，探索其全方位立体化评价体系，以德、智、体、美、劳“五育”为基准点优化评价维度，探索构建包含思维培育、知识理解、技能掌握、审美水准、执行能力，集科学性、客观性、均衡性、关联性、整体性于一体的“五维一体化”评价体系。在上述五个维度内，思维培育指向德育，是指对学生德行培养以及专业思维能力的考查；知识理解指向智育，是指针对学生专业理论知识及科学文化的理解程度所进行的考查；技能掌握指向体育，也是高校舞蹈专业所独具，即是对学生专业技能包括各类舞蹈实践能力的考查；审美水准指向美育，是对学生所具备的审美能力和审美水平所进行的考查；执行能力指向劳育，是针对劳动教育下，学生所具备的劳动能力、执行力及团队协作能力所进行的考查。通过“五维一体化”评价体系，高校舞蹈专业对于学生的思想教育形成链条式教育模式，从德、智、体、美、劳五个方面推进课程实践的优化与完善。

第六章　高校舞蹈课程思政教学面临的问题

第一节　高校舞蹈教育削弱了对学生人格以及综合素质的培养

我国高等教育肩负着培养德智体美全面发展的社会主义事业建设者和接班人的重大任务，必须坚持正确政治方向。对高校学生的培养应注重多方面发展，且思想政治教育应放在首位。然而，部分高校舞蹈教育却忽视了思想政治教育的重要性，过于注重专业技能的培养。依据各大高校舞蹈专业的培养计划以及具体的实施，从培养目标来看，其定位更倾向于培养具有突出舞蹈技能的人才，对学生的评判标准也是基于舞蹈动作、表演等专业能力之上的，忽视了舞蹈教育对学生思想、道德、审美等内在方面的影响；从课程设置来看，大部分高校中舞蹈专业课程的设置占总学时的 60% ～ 70%，而有关思想政治方面的课程只占不到 10%，思想政治教育的针对性较弱。思想政治类课程是提升学生思想觉悟的关键渠道，课程的安排比例尤为重要，舞蹈专业的学生思想政治理论基础普遍就较为薄弱，并且对文化知识不敏感，在大学生活相对轻松的环境下，思想政治有关的课程几乎决定了舞蹈专业学生接受思想政治理论知识的程度，因此，高校在课程设置方面不应忽视思想政治教育。从考核、考试来看，目前，高校舞蹈专业的考核制度针对专业课设置了期中随堂考、期末考试，有时还会根据实际情况举办相应的舞蹈比赛以达到提高学生舞蹈能力的目的，对于舞蹈专业课以外的课程，大部分高校只设置了学期期末考试或学年考试，在一定程度上削弱了学生对理论知识的学习动力以及对自身综合发展的重视。从课外实践以及专业实习来看，由于舞蹈专业的特殊性质，学生在校期间必须参加一定的课外实践活动，并且在毕业之前要完成专业实习。然而，目前，部分前高校在设置课外实践活动时更注重舞蹈专业方面的内容，如组织观看舞剧或到社会上进行演出，虽达到了学用结合，但仍致力于专业的培养，缺少与思想政治教育的关联性。总的来看，学生的问题体现在对课程的认知和重视程度上。

1.学生的课程认知有待提高

首先，不同年级学生的体育舞蹈审美意识因子存在较大差异。原因是学生课后观看体育舞蹈比赛与表演较少，对体育舞蹈的理论知识理解不深。这就导致学生在赏析体育舞蹈的服饰美、音乐美、形体美及动作美上产生困难。此外，大部分学生只注重体育舞蹈运动技能的掌握和提高，缺乏对体育舞蹈艺术的深入理解和鉴赏能力，缺少体育舞蹈的审美意识。

其次，从体育舞蹈的相关性分析得知，辩证思维因子的相关系数最高，影响度较高。通过访问得知，体育舞蹈具有理论性较强、动作较难、内容抽象等特点，导致学生对体育舞蹈的理解存在困难。

2.学生的重视程度有待加强

第一，不同年级学生的体育舞蹈课程思政顽强拼搏因子存在较大差异。其主要原因是学生的重视程度不高，主动性和积极性较差，自觉意识不强、行动力差等，导致顽强拼搏精神不足。

第二，不同年级学生与公共体育舞蹈课程思政沉稳自信因子存在较大差异。其主要原因是学生学习的时间比较短，重视程度不够，对动作或者组合不熟悉，导致难以培养沉稳自信精神；并且学生课堂舞蹈表现不够自信，不愿意展示舞蹈，不重视舞蹈内涵的提升等，导致学生沉稳自信精神不足。

第三，不同学科学生的体育舞蹈公平公正因子存在较大差异。

第二节　高校舞蹈教师对课程思政的认识有待提升

随着高校舞蹈教育要求的不断提高，教师对课程思政的认识也不能只停留在表面。《纲要》中明确指出，要提升教师课程思政建设的意识和能力。也就是说，教师是提高课程思政实施有效性的根本。目前，舞蹈专业教师在舞蹈教学中进行思想政治教育存在两点不足：一是对思想政治教育的认识不足，对具体内容把握不全面且实际的教学实践能力较弱。舞蹈专业教师在制订教学计划与教学目标时对学生动作、技巧的要求远高于思想上的要求，授课内容也以舞蹈为主，思想政治教育的方式相对简单，一般以口述为主，且内容单一，只是宏观地传达思想精神，学生无法更深层次地理解内容，这就导致教学成效差异不够显著。因此，高校舞蹈教师的思想政治教育意识与能力还有很大提升空间。二是缺乏对思想政治教育与舞蹈教育二者有机结合的研究。

据调查，目前还未出现有关高校舞蹈教育课程思政的著作，并且通过中国知网数据库以“舞蹈课程思政”为关键词检索，相关论文仅有 24 篇，说明高校舞蹈教师没有将教育理念深入实际教学中。舞蹈教师对专业课程中思想政治元素的挖掘力度还有所欠缺，且没有找到适合舞蹈专业特点的有效方法，从而导致舞蹈学科实施课程思政的工作相对滞后。提高舞蹈专业人才的培养质量，教师起重要作用。思想政治教育作为高校舞蹈教育中的重要任务，教师应对教学的方式方法、内容衔接以及教学目标有基本的认识，并从中积极地探索适合舞蹈教育的工作思路。

1.教师课程思政认知疑惑

作为一名教师，就是要认识到自己不仅承担着教授知识技能的责任，更重要的是要把塑造灵魂、塑造生命、塑造人作为首要职责，真正发挥铸魂育人的作用，切实履行为党育人、为国育才的神圣使命。教师对课程思政的认知疑惑和对思想政治教育的不理解是目前亟待解决的问题。任课教师存在课程思政教育认识误区，例如，教师认为传授专业知识是自己的主要职责而课程思政教育是思政专业教师和辅导员应该承担的工作。因此，任课教师需要加强对思政知识的学习，并且在教学过程中通过自己的言语和行为为学生树立榜样，以积极的心态传播正能量，用自己的人格魅力赢得学生的尊重，潜移默化地影响学生的人生观和价值观。

2.教学目标指向尚待明确

高校要明确所有课程的育人要素和责任，推动每一位专任教师制定课程思政教学设计，做到课程门门有思政，人人讲育人。笔者通过访谈，发现部分教师担心处理不好思政与专业的关系，担心课程中引入思政会冲淡体育舞蹈课程的学习目标，会影响学习进度。究其原因，主要有：其一，课程思政教学目标的发展具有正向、积极的作用，但体育舞蹈课程目标牢固性差，教育理念传达不到位。其二，体育舞蹈课程的知识目标不够突出。其三，随着体育舞蹈课程建设进程的不断加快，部分教师还未落实育人目标，不注重德艺双修。

3.教学方法创新意识薄弱

高等教育的目的是培养德智体美劳全面发展的人才。学生通过体育舞蹈课程的学习所获取的不只是专业知识，还包括家国情怀、团结意识、规则意识等思想品质，以及报效祖国、服务人民的意识。因此，专业教师在教学手段或策略上应有创新，才能调动学生的学习兴趣。笔者调查过程中发现教师虽有意识地融入思政，注重价值引领，但在实际教学中，教师容易采用机械灌输方式，融入的方法显得刻板生硬，忽略对思想政治内容的深入挖掘和融入方式的创新。究其原因：第一，教师的思政教学策略少，难以促进学生能力培养；第二，教师对德育教学方法的创新意识薄弱。

4.教学思政内容挖掘不足

体育舞蹈项目具有“一项多能”和“多项一能”的特点，如体育舞蹈具有表演展现力与表现美、发现美、创造美的价值功能。在课程思政建设背景下，教师为了突破体育舞蹈课程与思政教育之间的壁垒，实现价值引领与知识传授、能力培养的有机统一，协同推进课程思政教育体系建设与发展，可以挖掘体育舞蹈独特的功能和价值，凝练思政元素。然而，笔者通过与教师的访谈得知，任课教师已经将社会主义核心价值观中蕴含的思政元素融入课程中，实现公共体育教育内容与思政教育内容的高度融合，但其对内容的挖掘仍有很大改进的余地。究其原因，主要有：其一，教师担心不能将思政内容有机融入专业课教学中，从而出现生拉硬扯、“两张皮”现象。其二，教师认为专业课程是培养计划中的重要课程，但体育舞蹈课程思政内容挖掘难度大、内容多。其三,一些教师已经意识到体育舞蹈课程思政的重要性，但思政内容挖掘不充分，或者直接参照“四个自信”和社会主义核心价值观的内容进行简单融合，使专业内容与思政内容衔接不够紧密。

5.教学评价标准尚待完善

课程思政在大思政格局下与体育舞蹈课程同向同行，从不同侧面对学生进行思政熏陶，潜移默化对学生产生影响。笔者在调查过程中发现某师范大学公共体育舞蹈课程将课堂表现、平时考勤、技术考核、身体素质、舞蹈基础等相关活动都纳入考核内容，实现课程思政与专业课程同向同行。但是目前教师尚未建立有效的课程思政显、隐性价值观评价办法，难以用量化的指标衡量隐性价值观评价，难以保证在课堂教学中显性实践教学和隐性价值观之间的一致性。究其原因，主要有：其一，课堂教学中显性实践教学和隐性价值观之间的指标难以量化；其二，课程思政教学的考核形式单一。

第三节　高校舞蹈专业学生缺乏对课程思政教学内容的理解

舞蹈专业学生有一定的特殊性，他们身体、心理的发展与普通学生有明显差异，并且到了大学时期，专业的针对性更强，学生更加注重自身舞蹈能力的提升，对教学中的思政内容缺乏主动学习的精神。主要原因有三点：

第一，舞蹈的特点决定了舞蹈专业学生身体的发展要注重弹跳力、肌肉爆发力、韧带拉伸等，后天的训练方向与普通学生截然不同。考取高校舞蹈专业的学生一般都自幼学习舞蹈，从小就经历严格的身体训练，对智力、思想、意志等方面的培养就容易忽视，而且到了大学阶段，身心发展已基本平衡，学生潜意识里就更在意身体的发展。

第二，舞蹈所具有的情感性、形象性、实践性促使舞蹈专业学生思想较为活跃且个性鲜明，并且因为舞蹈专业的特殊性，学生更擅长用直观、生动的形象思维去理解事物，而不善于用严谨的抽象思维去分析。教师将一些思政元素融入课堂，但学生的着重点依然在专业知识上，对理论知识缺乏敏锐的捕捉力。

第三，心理发展以及思想上的进步离不开所处的环境。部分舞蹈专业学生对理论课的接触比普通学生少，且考取高校时对理论课的成绩要求较低，采取的是理论课与专业课成绩相结合的原则。在身心发展的重要时期，学生所处的环境是以舞蹈为主，忽视学生思想上的学习进步。进入高校后，舞蹈专业学生会因为专业的特殊性较早接触社会，在外兼职或出校演出的机会较多，接触的网络与媒体也较多，一些带有负能量的事件或信息可能会对学生产生一定影响，学生在不知是非的情况下可能会受到一些非主流思想的侵蚀，自制力较差的学生会因此将时间浪费在其他方面。因此，社会环境中的偶发因素会阻碍学生责任心、上进心等综合素养的发展。

第七章　高师舞蹈课程与课程思政理念融合的创新途径

基于前文对不同院校舞蹈课程与课程思政理念融合的分析，本章以高等师范院校为例，探讨舞蹈课程与课程思政理念融合的创新途径。在对前人研究基础以及我国高师舞蹈专业人才培养状况的观照之下，本章特于此提出高师舞蹈专业课程与课程思政理念融合的具体化实操性方案，依据每门类课程特点列举思政元素及融合途径，以期为高师舞蹈专业课程思政建设提供点滴参考。

谈及高师舞蹈课程，最核心、最根本也最重要的当数以所有专业课程为主要内容的教学过程。思政教育在高师舞蹈专业教学过程中的融入应占据主阵地，而具有思政教育意义的课堂无疑是高师舞蹈课程思政建设最直接、效果最显著的途径。高师舞蹈专业课程种类繁多，丰富齐全，不仅涵盖了以书本化理论知识传授为主的专业理论课程，同时涵盖了以身体素质技能训练为主的专业实践课程，不同类型的课程应以不同的方式，挖掘和利用思政元素，也应以不同模式进行价值观的灌输。

第一节　思政教育在舞蹈理论课程中的融入

统观高师舞蹈院校课程实施情况，在高师舞蹈专业理论课程中，均含有舞蹈艺术概论、中外舞蹈史、舞蹈作品鉴赏及舞蹈教育学等基础性史论课程与教育类课程。在课程设置方面，多数高师舞蹈专业院校开设的课程大同小异，均开设了上述几类作为高师舞蹈人才培养必需的课程，但也因所处地域不同，开设了具有当地特色的课程，如山东师范大学开设的山东民族民间音乐舞蹈文化，陕西大学开设的中国古代乐舞文献选读以及福建师范大学开设的闽台少数民族音乐等极具当地风土人情又贴合独有校本资源的特色专业课程。就上述专业理论课程而言，思政教育融入潜力与融入空间是较大的，理论课程书本化知识点与思政价值观念在文学层面上是互通的，因而可就专业课程理论具体知识点，实现价值观念的依附化传授，减轻舞蹈专业课程中思政教育的滞后性弱点。

1.艺术原理类课程中引导辩证唯物思维

高师舞蹈专业在课程设置中均有舞蹈艺术原理类的课程，包含舞蹈艺术概论、舞蹈学导论、艺术学概论等课程，其中舞蹈艺术概论是高师舞蹈专业最具代表性的艺术原理类课程。舞蹈艺术概论课程大多以隆荫培先生、徐尔充先生所著《舞蹈艺术概论》作为该门课程的授课教材。影视表演艺术家、中国电影艺术研究中心研究员刘帼君女士曾提出三点对于此书特征的评价："思想性、实践性、群众性。"对于这"三性"，刘帼君女士也做出其解释。首先，在《舞蹈艺术概论》一书的编纂中，全书紧靠唯物主义辩证观，应用辩证唯物主义观点和方法论实现了对于舞蹈艺术基础理论的论述；其次，此书以发展眼光，贯通我国现当代舞蹈发展历程，可谓是新中国成立以来舞蹈艺术实践经验的总结；此外，该书在其二十三个章中真正做到了循序渐进，且措辞通俗易懂，使广大对于舞蹈艺术饱含热忱的读者能够系统地对于舞蹈艺术从理论层面产生体系化的清晰认知。对于舞蹈基础理论一类的课程而言，《舞蹈艺术概论》无疑是一本极具文学与艺术价值的科学化、系统化的教材，且因其思想性、实践性、群众性的特征，与马克思主义唯物论、辩证法有极大的契合之处，可从舞蹈艺术理论传授过程中，进一步加强对于学生正确、科学的世界观、价值观、人生观的塑造，培养学生以唯物主义辩证的视角看待和解决舞蹈问题。

《舞蹈艺术概论》全书共二十三章，按照普通高等院校对于课程学时的分配，教师总共以 17 ～ 19 学时将课程讲授完，因此，每章节的内容大致以一节课的时长进行讲授，也有较为充足的思政融入时间与空间。

(1)《舞蹈艺术概论》教学内容思政元素探究

对于教学内容中所蕴含的思政元素，教师可将教学内容分为几个部分分门别类地挖掘和探究，以在教学过程中保证思政理念传授的条理清晰，避免依据每个章节的具体内容与思政教育内容进行牵强贴合，尽量保障思政教育在该门课程传授过程中环环相扣、思路顺遂。

《舞蹈艺术概论》开篇的导论部分为一篇启发式的文章——《做一个全面发展的舞者》。在文章开篇，作者抛出了从事舞蹈事业及学习此书所应思考的核心问题——进入新世纪新阶段，作为一个立志终生从事舞蹈事业的人，要做一个什么样的中国舞蹈家呢？并在问题后陈述作者心中的答案：我们要力争做一个全面发展的舞蹈家，而后抛砖引玉，列举了吴晓邦、戴爱莲、贾作光等一批值得我们终身学习的舞蹈艺术榜样。在《舞蹈艺术概论》的授课中，教师可以此问题作为这门课实施课程思政的开端，在引发学生对此问题进行深刻的思考与讨论后，继而以著名舞蹈艺术家为榜样，引导学生对于舞蹈艺术及中国舞蹈事业产生积极、崇高、科学、正确的崭新认知。

在《舞蹈艺术概论》开始两个章节，是对舞蹈的本质及审美特征、艺术特性的相关论述。在这部分，作者从理论层面对于舞蹈是何种艺术进行了概念界定，学过此类课程的学生均耳熟能详——舞蹈，艺术的一种，人体本身是它的物质载体。舞蹈是以经过提炼（典型化）、组织（节奏化）、美化（造型化）了的人体动作为主要艺术表现手段。同时作者对于舞蹈的艺术本质、社会生活本质以及审美特征、艺术特征做出相关阐释，即舞蹈是视、听、动觉综合的艺术，是以表现性为主、表现与再现紧密结合的艺术，具有动态性、抒情性、综合性等艺术特征。此部分从舞蹈的本质及特征方面对舞蹈艺术进行了综合性分析，以让学习此书的学生从整体上对于舞蹈的本质进行认知和掌握。对于此部分的讲述，教师可将唯物辩证法的基本范畴与舞蹈本质内容相融汇，以唯物辩证法中现象与本质的辩证关系为切入点，将探寻本质的重要性融汇于对舞蹈本质内涵及艺术特征的讲授过程中，潜移默化地引导学生学会透过复杂的舞蹈现象认清舞蹈艺术本质的观念，培养学生透过现象掌控事物本质的眼光和能力。

第三章、第四章主要阐述了舞蹈在古代和现代的社会功能、舞蹈各个种类及分类原则、方法等内容。教师对于舞蹈社会功能的讲授，可从舞蹈艺术因对人类有多种多样的积极作用从而得以存在发展这一要义入手，从而导入思政元素——个人对社会的责任和贡献、社会对个人的尊重和满足。教师可以从舞蹈艺术的社会功能导向个人对于社会的功能和价值实现以及积极入世、处理事务的原则与方法，进而导入第四章关于舞蹈艺术分类及其分类原则方法等相关内容，厘清舞蹈艺术的分类是为了对舞蹈艺术进行更具体、更深入的分析与研究，进一步掌握舞蹈艺术的规律以使舞蹈艺术在现代社会能够发挥更积极的作用和艺术价值。

第五章、第六章从舞蹈起源开始讲述，分门别类阐述了社会上对于舞蹈起源的各种理论观点，如模仿论、游戏论、表情论、劳动论等，并进一步分析得出结论——劳动综合论，进而阐述了舞蹈的发展规律及影响舞蹈发展的内外部因素，对舞蹈的起源与发展进行了线性梳理。在此部分的教学中，教师可引入唯物辩证法，即用联系、发展的眼光看问题，在讲解舞蹈艺术发展规律过程中，让学生明白一切事物都处于联系和发展过程中，联系是事物本身所固有的，不以人的主观意志为转移，既不能被创造，也无法被消灭；而发展则是指事物由简单到复杂、由低级到高级的变化趋势，发展的实质是新事物的产生和旧事物的灭亡。通过联系与发展的理论观点，教师引导学生以联系、发展的眼光看待舞蹈艺术的发展，厘清舞蹈艺术发展的客观规律，从而在舞蹈艺术的发展过程中进一步发挥主观能动性，为舞蹈艺术的创新和接续发展贡献出微薄之力，营造更加有利的发展环境和条件。

第七～第九章分别阐述了舞蹈作品与社会生活、舞蹈作品的内容与形式以及舞蹈美的构成和形态。此部分强调了舞蹈作品的来源——社会生活，讲述了从肢体动作凝练成一部完整的舞蹈作品，需要舞蹈家投入大量创造性劳动，不仅需要创作者加入其审美情感，更需要典型化提炼创造，同时运用专业的技巧来创造美的形式。在遵循反映和表现生活的美学原则的基础上，舞蹈作品在创作与评价时，也应遵循舞蹈内容和形式统一的观点，在肯定舞蹈内容对于舞蹈作品起决定作用的同时，关注舞蹈形式对于内容的反作用，并遵循舞蹈形式美的基本规律，将内容美与形式美高度融汇，完美合一，才能创作出既涵盖深刻思想内容又不失完美艺术形式的优质舞蹈艺术之作。在本部分的教学中，教师可将马克思主义劳动观与唯物辩证法的实质与核心融入课堂教学过程中。劳动不仅创造了人们的物质生活，也充盈着人们的精神世界，在不断劳动的过程中，人们的社会生活得以正常运转，与此同时，精神文化世界也得以丰富。欲创作出精美优质的舞蹈艺术作品，也需不断进行舞蹈艺术层面的劳动创造，从社会生活中源源不断地探寻创作灵感，展开艺术创作。在创作过程中，则应遵循唯物辩证法的矛盾观，以对立统一的观点看待舞蹈内容与舞蹈形式的关系。矛盾即是对立统一，在舞蹈创作过程中，理应看清舞蹈内容与舞蹈形式何为主要方面，何为次要方面，在重视矛盾主要方面——舞蹈内容的同时，也应深刻关注矛盾的次要方面——舞蹈形式，秉持辩证统一的观点，使舞蹈内容与舞蹈形式相依相存、互联互补，共同为雕磨塑造舞蹈作品服务。

第十～第十二章较为抽象，主要对舞蹈思维、舞蹈形象、舞蹈作品的意境创造以及舞蹈的形式结构等内容进行相关阐述。本部分看似抽象，其理论知识点也较为分散，涉及层面较多，但该部分实则蕴藏着诸多包含辩证思维的观点，该部分的理论同样可引入认识论与矛盾观。例如，第十章谈及舞蹈创作主要依靠形象思维，但也并不排斥抽象思维，形象思维与抽象思维不仅不相离相斥，相反，在一定条件下相辅相成，形象思维也需遵循认识的一般规律，需从感性认识出发进而上升至理性认识，这一点无疑完美契合了辩证唯物主义认识论中感性认识与理性认识的辩证关系原理。因此，教师可在此引入方法论，使学生深刻意识到在舞蹈艺术创作中，既要大胆进行舞蹈艺术实践，深入实际生活进行调查与钻研，获得丰富且合乎实际的感性舞蹈艺术材料；同时要善于思考，深刻运用形象思维，对获得的舞蹈艺术感性材料进行艺术化加工组织，实现从舞蹈艺术感性认识到舞蹈艺术理性认识的大胆飞跃。再如，对于舞蹈作品意境创造的阐述，同样符合认识论的系列观点，在教材中对于舞蹈意境创造，提出舞蹈意境创造即“通过形象化情景交融进行艺术特写，进而将观众引入特定想象空间”的观点。情景交融的过程中，其结构层次体现为“景—情—形—象—境”。由景象描绘至情感抒发，再至感物而动的自然形态，继而凝练升华至姿态造型与运动过程有序组合的动态形象，最后升华至更富有艺术感染力的“象外之象”——舞蹈意境。此过程从观众的体验出发，体现出认识的反复性、无限性、上升性特质，观众对于作品的体验与认知经历了景、情、形、象、境这五个过程，呈现出一种反复且无限的波浪式前进或螺旋式上升的过程。此外，在对于舞蹈形式结构部分的阐述中，作者从内在形式化与外在形式化两个方面，介绍了诸多如舞蹈情节结构、舞蹈时空交错结构、舞蹈散文诗式结构等特色分明的内在舞蹈形式结构，以及直接、间接、综合表现法三种外在形式化的表现方法。在舞蹈作品雕琢过程中，两个形式化过程从表层体现为具有先后顺序的由内而外的发展过程，实则在深层实践中是融为一体的，紧密而难以分割。对于学生而言，日后的舞蹈艺术创作实践也应深刻认清这两种形式化过程，以辩证统一的观点看待两种形式化的配合，将矛盾的同一性特质更好地融入舞蹈艺术创作实践中。

第十三章与第十四章节是对舞蹈语言与舞蹈构图的论述。以文学与美术学视角分别对于舞蹈艺术两大主要表现手段进行了剖析。舞蹈语言是引申于文学语言的概念，舞蹈语言以舞蹈动作构建而成，从文学层面语言的结构层次入手，对于舞蹈语言的结构层次也进行了层次分明的概念界定，与此同时，将文学语言审美规范沿用至舞蹈语言的研究中，对舞蹈语言的审美规范进行梳理归纳。在第十四章中，运用美术学中的构图理论，将美术学中构图的一般规律沿用至舞蹈作品的画面构架中，实现了构图的一般规律从美术学层面到舞蹈艺术层面的跨越。在此部分，不难发现无论是舞蹈语言还是舞蹈构图，均沿用另类学科的概念，且在沿用的同时融合了舞蹈艺术的特质，从而梳理归纳出舞蹈语言及舞蹈构图的审美规范与一般规律。对于舞蹈语言及舞蹈构图审美规范及一般规律的阐述，同样是辩证唯物论中规律客观性、普遍性、多样性的最好体现。对于舞蹈本体与舞蹈作品而言，舞蹈语言及构图的规律是客观存在的，并不以创作者的意志为转移，而这种规律也并非独有，是所有舞蹈艺术实践中共有的。创作者在进行舞蹈创作实践时，应把握这两种规律，积极发挥舞蹈艺术实践的主观能动性，认识和利用舞蹈语言及构图的一般规律，规避可能出现的问题，呈现更加优良的舞蹈艺术作品。

第十五章与第十六章是对于舞蹈创作与舞蹈表演两个范畴的审美规范总结，此部分的思想政治教育融入依旧可引入辩证唯物主义规律观，但与第十三章、第十四章不同的是，该部分对于辩证唯物主义规律观的运用，主要侧重于对规律客观性与主观能动性其二者辩证关系的贴合之上。舞蹈创作与舞蹈表演看似是两个独立的范畴，实则二者相连甚密。无论是舞蹈创作还是舞蹈表演，都应该遵循其在创演过程中的规律性，即审美规范。舞蹈创作从生活中提取凝练，首要解决舞蹈创作者的主观条件，要能动地感知体验生活，此处所言“生活”并非特指人们目前所经历的客观现实生活，更涵盖了历史中的生活、未来理想中的生活，还应涵盖相对整个社会群体而言的政治生活、经济生活、文化生活，此外，还有相对于个人或群体而言的物质生活与精神生活，等等。舞蹈创作的首要条件即感受和认知生活，唯有培养一颗善感之心，才能产生在万千个时刻中未知灵感的迸发。在创作过程中，遵循形式同样是遵循规律的重要举措。舞蹈形式并非严格限制舞蹈家创作的条框，在形式的要求下，作品体裁得以规范，作品内容得以有更清晰的表达。在舞蹈创作中，在遵循舞蹈创作审美规范的基础上，创作者发挥其主观能动性，能动地表现生活和自身情感，将表现重点置于攫取人物思维、呈现人物精神世界，从而创作出具有充实内核与精良载体的舞蹈作品。对于舞蹈创作而言，舞蹈表演实属演员的“二度创作”。舞蹈创作属于舞蹈艺术构思，以创作者为中心开展，而舞蹈表演则属于舞蹈艺术传达，以舞蹈演员为核心，呈现和传播舞蹈艺术形象。在舞蹈表演中，也应遵循既定的审美规范，发挥舞蹈演员在塑造与呈现舞蹈形象中所独具的价值，故而，此过程中的主观能动性，不仅包括演员在排练时依据自身经验和对舞蹈形象的理解，在本有的表演基础上所增添的表演细节与巧思，也包含演员在舞台上依据现场表演情况所即兴发挥的表演，因此，对于舞蹈演员而言，更应注重在日常排演过程中，提升、总结与积淀其自身文化艺术素质，而此过程也可视为舞蹈演员在长期生活与排演中，对于其自身主观能动性的培养与升华。在创作与演出中，遵循规律是必不可少的，但无论是演员还是编导家，发挥主观能动性，对于规则下的艺术创作和表演，无疑是锦上添花。正如应用《舞蹈艺术概论》一书授课时的思政元素融入，在保证课程体系和教学体系不变的基础上，融入辩证唯物主义的各类观点，不仅有助于培养学生的世界观、人生观及价值观，更有助于在思政教育内容的渗入过程中加深学生对于专业课程理论知识的认知和理解。

第十七～第二十一章讲述舞蹈交流、传播、美感、欣赏及评论，通过讲述舞蹈的流传，进而引申出对于舞蹈美感及舞蹈欣赏的阐述。此部分内容看似较为零散，实则可以系统性地来看待。通过舞蹈作品在社会生活中的广泛流传，进而引发人们对于舞蹈美感的感知领悟，从而衍生出以作品或者以人体动态美为对象的审美活动，最终由专业的舞蹈评论者将其赏析鉴别评论的观点通过一定形式反馈给创作者。在此部分教学中，教师可将辩证唯物主义整体与部分的观点融入课堂教学中，引入整体与部分的辩证关系，引导学生以系统优化的观点去学习舞蹈流传、美感、欣赏及评论中的每一个环节。舞蹈作品经过交流、传播、进而引发观者审美感受，而后观者进行舞蹈欣赏，最终由评论家予以反馈的过程中，每一个环节都必不可少，它们环环相扣，构成一个整体。在这个以舞蹈作品为核心的整体中，每一个环节的功能与变化都影响整体的功能与变化，若某个部分脱离整体，其效果与价值将大打折扣。在此部分的教学与学习中，教师应培养学生树立全局观念，以系统优化的观点看待舞蹈交流、传播、美感、欣赏及舞蹈评论。立足于以舞蹈作品为核心的整体发展，同时不忽视、不弱化每个环节的作用，遵循整个系统内部结构的优化趋向，更好地协调、带动整体发展。

第二十二章与第二十三章的内容是围绕“新中国舞蹈艺术 50 年启示录”以及“创建和发展中国舞蹈学”这两方面展开的。作者对从 20 世纪 50 年代初至 21 世纪伊始的中国舞蹈进行梳理，厘清了新中国成立以来我国舞蹈发展的脉络，使学生能够清晰地统观新中国成立以来舞蹈文化发展境况。本部分为整个舞蹈艺术概论的文化升华，对于中国舞蹈文化的整体归纳与展望应融入中国特色社会主义文化观，使此部分的教学与学习深刻契合中国先进文化的发展。作者在本部分还提及中国舞蹈事业的发展应以调整好三个关系为基础，首先是舞蹈工作者、舞蹈艺术和时代、社会生活的关系；其次是继承传统与创新借鉴的关系；最后是内容与形式的关系。协调好各部分的关系，以辩证唯物主义视角看待问题发展，从而建立中华民族舞蹈的科学发展观。在对新中国成立以来的中国舞蹈文化进行总体归纳后，作者在第二十三章对于 21 世纪的中国舞蹈文化发展进行展望，提出发展要沿着先进文化的前进方向，进行舞蹈学建设。随着我国发展进入新时代以及习近平新时代中国特色社会主义思想的提出，中国舞蹈学的发展也应沿着中国特色社会主义文化的前进方向，建设具有中国特色的舞蹈学先进学科，以及具有中国特色的高师舞蹈专业，进一步完善舞蹈基础理论乃至中国舞蹈文化的整体架构。

（2）《舞蹈艺术概论》教学过程中思政教育方法选用

《舞蹈艺术概论》用于舞蹈专业理论课程，在教学中，教师可运用适合讲授理论的思想政治教育方法进行思政教育元素的融入。在不打破原有课程体系和教学模式的基础上，运用思想政治教育的一般方法及基本方法的选用可达到锦上添花之效，通过运用疏导教育法、比较教育法等，辩证唯物主义思想可更自然、更服帖地与《舞蹈艺术概论》中的一系列观点和理论相衔接，从而进一步深化理论知识的教学，加深学生对于舞蹈理论知识的理解，从而实现润物细无声的思政教育渗透。

《舞蹈艺术概论》的思想性就要求教师教学时，对学生存在的思想认识问题进行疏通开导，实现疏导式传授知识点。教师通过简明扼要又生动形象的口头言语，向同学们讲授融入了辩证唯物主义理论的舞蹈理论知识。教师通过叙述、阐释、描绘、推论来进行信息的传递、学识的传授、概念的阐明，在此过程中一步步引导学生对《舞蹈艺术概论》知识点形成清晰的认知，对辩证唯物主义各类原理在思想上产生领悟。疏导教育法分为三种具体方式：其一，分导，即分而导之。依据不同情况可分为分散而导、分步而导、分头而导。在《舞蹈艺术概论》的教学中，教师可灵活运用分导的方式，将思政教育分散融入每堂课、每个章节知识点的讲授过程中，分别进行教育引导。其二，利导，即因势利导。教师应抓住思想发展趋势及教育的有利时机，充分利用《舞蹈艺术概论》教材思想性特质，稳抓有利条件。其三，引导，即启发引导。教师指导学生积极主动地学习、领悟舞蹈艺术概论中丰富的辩证唯物主义思想，引导学生提高思想认识、提出问题、展开讨论并进行正向说服，使学生在不知不觉中跟随教师提升自身思想高度。疏导教育法在思想政治教育过程中是非常普遍的方法，教师在运用过程中能够充分发挥主观能动性，更易把控课堂教学进程，使学生畅所欲言，充分发表自身观点，教师也能根据学生的各类观点集思广益，从而循循善诱，将各类言论与思想引入健康、积极、正确之轨。

与此同时，《舞蹈艺术概论》的哲理性要求教师在教学时，运用比较教育法（又称对比教育法），引导学生通过比较教材文本中的理论知识与辩证唯物主义中的各种观点，形成个人对于教材的哲理认知。教师通过指导学生阅读《舞蹈艺术概论》，以从书中获取知识并在讲授过程中引入辩证唯物主义思想，通过类比，将两类属性相似的理论知识或现象进行比较，总结出二者在其他属性上的相似之处。该教育法能最大限度地培养学生分析推理的能力，培养学生对于舞蹈理论知识的领悟力。由于学生阅读习惯及审美注意的差异，不同学生在理论观点的比较中也将产生不同的感悟，对于每个知识点的关注度也将有所不同，因而教师通过比较教育法，帮助学生养成良好的推理分析习惯，并在讲授过程中，统一着重讲解舞蹈理论知识点与其所对应的辩证唯物主义思想观点的异同，提升学生对于教材中思想政治教育元素的注意和把控能力。

2.舞蹈史论类课程中培育唯物主义历史观

在大多数高师舞蹈院校所开设的舞蹈理论课程中，舞蹈史论课程可称得上是浓墨重彩的一笔，在高师舞蹈专业理论课程中占有举足轻重的地位。太史公曾言："原始察终，见盛观衰。"《报任少卿书》中也曾讲道，读史可"考之行事，稽其成败兴坏之理"。对于高师舞蹈专业的学生来说，通晓中外舞蹈史，可使其开阔视野，了解中外舞蹈文化之源头，依据舞蹈艺术发展脉络，追本溯源，聊以统观中外文明之异；除此之外，相比西方国家舞蹈艺术发展，中国舞蹈史可谓源远流长，对中外舞蹈史的比较学习，可使学生通过中国舞蹈史的发展，树立中国传统文化自信，秉持家国情怀，塑成广博学识，以谦逊博爱之心感怀天下。中外舞蹈史课程中可以融入历史唯物主义，秉持唯物史观看待中外舞蹈史发展，以历史唯物主义的观点研究中外舞蹈发展的一般规律。

中华人民共和国成立后，中国舞蹈史作为舞蹈理论研究的重要内容，逐渐发展成一门独立的学科。在欧阳予倩、董锡玖、王克芬、彭松、孙景琛等舞蹈理论家的不懈钻研与努力下，一批具有极高文学价值与艺术价值，兼备思想性、历史性的中国舞蹈史论著述相继问世。在诸多舞蹈理论家前辈的呕心沥血之下，中国舞蹈史作为必修课程，于 1998 年前后逐步成为各大高师舞蹈院校所设必修舞蹈理论课程。中国舞蹈史的教学，在一定程度上契合了诸多莘莘学子对于学习中国舞蹈历史、了解祖国舞蹈文化根脉的希冀与渴望，而中国舞蹈源远流长的发展脉络，具有极为丰富的思想政治资源，教师应实现舞蹈史论课程与思想政治理论课程的协调育人。

（1）中国舞蹈史中的思政元素

在中国舞蹈史的教学内容中，包括极为丰富的中国传统舞蹈文化资源。每个朝代都有其独特的舞蹈文化，这些舞蹈在不同的朝代，焕发出独具时代精神的艺术价值与生命活力，通过对中国古代舞蹈发展历史的通览，可探析出其中所蕴含的社会存在与社会意识的关系。数千年华夏文明历经代代沉塑与积淀，终韬养凝练成如今厚重而精髓的舞蹈文化结晶。中国的舞蹈缘起于中国的原始社会，从促使血脉通顺、养生健体的《阴康氏之乐》到崇颂祥云的黄帝部族的图腾舞蹈《云门大卷》，从夏商时期的“祭祀舞蹈”，到周代兴盛的“六大舞”“六小舞”，这些丰富而美妙的上古时期乐舞存于古籍之中，通过中国舞蹈史的学习，如今的学生得以一窥远古华夏的乐舞风采。

统观整个中国古代舞蹈发展脉络，最显著的特征即为在整个古代舞蹈发展过程中的三次高峰与两次转折，在周代、汉代与唐代这三个社会安泰祥和，国家实力雄厚的朝代，中国舞蹈呈现出兴盛繁荣的发展态势，而在处于社会大变革时期的魏晋以及中原汉族统治权力处于弱势的宋元时期，舞蹈艺术同样经历着自身的变革。这种现象无疑与唯物史观中“社会存在决定社会意识，社会意识反作用于社会存在”的观点高度契合，教师对于古代舞蹈史的传授，可融入唯物史观的相关原理，引导学生客观看待中国古代舞蹈史的发展。

两周时期，从“制礼作乐”的制度到“礼崩乐坏”，体现了社会层面的变革，反映出社会存在与社会意识之间的关系。“制礼作乐”与“礼崩乐坏”同样都是周代的乐舞现象，各属时代始末两端，却因社会存在的更迭，体现了一个朝代的兴衰。在历史唯物主义中，社会存在决定社会意识，乐舞制度与舞蹈文化现象的演变，也在社会意识层面呈现了周代的社会境况。

跨越春秋战国，统观秦汉，雅俗共赏、古拙厚重的风格成为秦汉时代独有的特色。遵循古制度的雅乐延续，丰富活泼的俗乐盛行，角抵百戏、相和大曲各具风韵，以刘安的《淮南鸿烈》和傅毅的《舞赋》为代表的乐舞美学思想著述也引领了一个时代的审美风尚。这一时期，相对稳定的社会背景为舞蹈艺术的发展提供了良好的发展环境，因而，类如舞蹈、诗赋、乐府诗等一系列成果，才能作为社会意识层面的代表稳步发展。经历了厚重的乐舞文化奠基，随着东汉的覆灭，进入三国、两晋与南北朝时期，乐舞开始变得分散繁杂。这一时期，舞蹈艺术同样经历变革，从综合态势转型至独立。碎片化的国土和争权夺利的掌权之士，压抑了人们入仕之途，在那个动荡的时代，人们在佛道文化的浸染中，寻求精神层面的归宿。在此人文因素影响下，三国两晋南北朝时期的舞蹈艺术摒弃了秦汉以来的儒家群体意识形态下的舞蹈表现，开始靠拢至道家关注个体价值的独立呈现，转而追求“人性的复归”。清商乐中的《明君》《拂舞》等舞蹈作品，也均是彼时人们对于个人命运的唱叹，以及伫立于浊世而不受浸染的清高之志。这一时期的舞蹈逐渐从综合艺术表现式样中剥离出来，从综合走向独立，正如从传统“和”的意识走向对于自我价值与个体意识的追求。魏晋的舞蹈变革是必然的，其社会意识呈现映射出一个时代的动荡与变革。

中华乐舞接续发展，终至唐代迎来了中国舞蹈最为鼎盛的“高光时刻”。这一时期，舞蹈种类繁复绚丽，舞蹈风格丰富多样，舞蹈技艺精湛绝伦，历朝历代均望尘莫及，因而唐代也被称为舞蹈的“黄金时代”。舞蹈艺术如此兴盛，其本质上仍是凭借唐代强盛国力的支撑，强大的社会存在给予舞蹈艺术广阔的发展空间。同时，发达的对外贸易使彼时人民思想开放阔然，文化的频繁交流碰撞也为异域民族舞蹈艺术的汇入提供诸多机遇，更刺激了中原汉族舞蹈的转型与升级。

然则天下大势，盛极必衰。舞蹈艺术发展已至顶端，却在宋元不可避免地衰落。中国乐舞艺术随着唐朝的灭亡由盛转衰，宋元时期舞蹈的转折同样受到社会存在的影响。至北宋，独立的舞蹈艺术形式开始转型，文学要素及生活道具的融汇，使舞蹈艺术呈现出综合性的表演态势，舞蹈理论家袁禾在其《中国古代舞蹈史教程》中提及，宋元时期的舞蹈变革是中国古代舞蹈“体变质存”的过程，也是明清时期戏曲舞蹈形成的重要因素。然相比于魏晋，此次变革的不同在于时代格局的影响，宋元时期的社会相对稳定，政治格局相比魏晋时期较为明朗，与此同时，“崇文抑武”的社会意识也使舞蹈艺术从感性层面过渡至理性思考的创作走向，终而使舞蹈艺术从独立的表现形式转型至综合性表演。

通览古代社会的舞蹈艺术发展，显而易见，社会的系统与架构决定了社会体系衍生的意识、诉求、思想等社会意识的发展与兴衰，而以舞蹈艺术为代表的社会意识，又能够在一定层面映射出一个时代的社会格局。在中国古代舞蹈艺术发展史上，所有现象、事件的发展，归根结底都取决于一个时代的物质丰富程度，社会历史的发展有自身固有的客观规律，在中国古代舞蹈史的教学内容中，也反映出历史唯物主义里社会存在与社会意识的相关原理，教师可秉持此观点，将其汇入对古代舞蹈史的讲解中，引导学生以正确的、唯物的舞蹈史观看待古代舞蹈史的兴与衰。

（2）中国舞蹈史教学过程中思政教育方法选用

中外舞蹈史教学过程中的思政教育融入，同样需要借助恰当的思想政治教育方法。中外舞蹈史的客观性、历史性及真实性要求教师在中外舞蹈史的教学过程中，应以灌输教育法和对比教育法进行思想政治教学，以保障中外舞蹈史教学中顺利融入思想政治教育。

首先，灌输教育法是最基本也是最直接的思想政治教育方法。中外舞蹈史的教学内容不像舞蹈艺术概论一样具有极强的理论性，因而就需要运用灌输教育法，由教育者向受教者系统地在传播舞蹈史论知识点的同时进行思想政治教育原理和观点的渗入，或者由受教者自身系统化学习中外舞蹈史的理论知识，自主总结课程中的思政教育资源。灌输教育法优点就在于重视对科学理论的吸收和学习，有利于将历史唯物主义的先进思想和鲜活经验对学生进行推广与传播。在灌输教育法的实施过程中，要注意两点：其一，要对于灌输教育产生正确的理解。灌输教育并非教师向学生一味地机械性传授知识点，对于教学而言，增强教师的主动性并不意味着减弱学生的主动性，更要避免灌输教育过程中教师误入“填鸭式”教学的教育歧途。在实施灌输教育法的过程中，教师还要积极地鼓励学生发挥主动性，由教育者灌输，逐渐转为受教者自我灌输。其二，灌输教育形式应多种多样。灌输教育有不同类型的灌输形式——他人灌输、自我灌输、普遍灌输、个别灌输、形象化灌输、启发式灌输等。对于不同的教育对象及不同民族、不同国家、不同时段的舞蹈历史知识，要安排不同的教育内容，运用不同的历史唯物主义观点和灌输教育形式进行传输，保证中外舞蹈史课程思政的系统性与灵活性。

其次，在中外舞蹈史的教学过程中，对比教育法也是极适合舞蹈史教学内容的思想政治教育方法。对比教育法即将各类不同事物的特点、属性进行比较与鉴别，从中引出正确判断，从而提高人们思想认识的方法。在中外舞蹈史的教学中，教师通过比较，引导学生鉴别舞蹈发展史中的是非，体悟舞蹈发展史中的真善美、假恶丑。对比教育通常分为“横向对比”与“纵向对比”。“横向对比”即空间中的对比，于同一时段发展着的不同种类舞蹈艺术的对比中，体悟每种舞蹈艺术的地域风格与人文价值。“纵向对比”即时间上的对比——着眼于一个国家、民族或同种类的舞蹈艺术，依据时间的演进与时代的更迭，纵向关注同种舞蹈艺术的时代特征与生命活力。对于中国舞蹈史的教学，“纵向对比”更契合。几千年的历史文化积淀使中国的舞蹈艺术更具时代价值，通过纵向对比剖析每个时代的舞蹈艺术本质、特征与分类，更可窥探中国历史中不同时代的文化给予舞蹈艺术的浸润，中国舞蹈艺术历经数千年的发展，足可见中国舞蹈艺术的生命活力。对于外国舞蹈史而言，其发展所经历的时长并未如中国舞蹈一般弥久，因而“横向对比”更契合外国舞蹈史的教学。通过对比同一年代的中外舞蹈，可窥探中西方不同的地域文化；通过比照工业革命后同时段的现代芭蕾、当代芭蕾与现代舞的发展，从中分析异同，可从时代的视角，窥探西方两次工业革命影响下的舞蹈艺术风格流变，也能更深入地理解历史唯物主义中生产力与生产关系、经济基础与上层建筑矛盾下的社会发展境况。

3.美学鉴赏类课程中弘扬伟大精神

美学鉴赏类课程不仅是舞蹈课程体系中的重要一环，也是大学生审美教育的重要组成部分。高师舞蹈课程中的美学鉴赏类课程包含舞蹈作品鉴赏、中外舞蹈名作赏析、舞蹈鉴赏与批评等课程，此类课程主要以中外经典的优秀舞蹈作品鉴赏为主，通过观看、体验、欣赏优质舞蹈作品，分析优秀经典舞蹈作品中所展现的艺术动态形象，体验感悟其所经历的社会生活及思想情感，继而在精神层面与创作者、艺术形象产生共鸣，从而让学生产生思想精神上的启迪并陶冶情操，提升审美水准和审美注意。高师舞蹈专业的舞蹈鉴赏课程教材不一，因而提供给学生欣赏的中外优秀舞蹈作品也有所不同。随着思政教育在高等教育中的地位日益提升，弘扬主旋律的一系列作品也应受到高度重视，在舞蹈鉴赏课程中的作品中应占更大比重。近年来，中国无数优质且经典的弘扬主旋律的舞蹈作品层出不穷，这些作品弘扬了时代价值，更彰显了伟大精神。将这些契合伟大精神的优秀作品选择性纳入高师舞蹈专业的舞蹈鉴赏课程教学中，不仅能丰富原有的课程教学内容，更让学生在欣赏优秀作品的同时，感知伟大精神的先进内蕴与精纯思想，体会到中国共产党人百年来为实现中华民族伟大复兴的奋斗姿态。

（1）伟大精神的融入

以淮海战役精神为例，淮海战役精神包括听党指挥、团结协作、依靠人民、决战决胜，下面对其融入舞蹈课程的理论进行分析：

在体育舞蹈教学中，坚定不移地支持党对教育的全面领导，是实现办好人民满意的教育、建设教育强国的根本保证。体育舞蹈教学的实践与发展过程都必须以党为领导，贯彻落实党的教育方针，充分体现了党在体育舞蹈教学中的战略性地位。

团结协作作为淮海战役的另一大精神文明成就，是当代大学生必须学习和拥有的高贵品质。在体育舞蹈教学中，教师把这种团结协作精神融入集体舞排练、训练甚至是比赛中将大大提高学生们的凝聚力和战斗力，取得良好的教学效果。首先，体育舞蹈表演包括单人舞、双人舞和集体舞三种形式。双人舞是体育舞蹈的重要表现形式，一男一女两位舞者首先练习个人舞蹈的基本功，然后配对成为一对舞伴。在双人配合过程中，双方舞者得到了一个可以充分表达自己和自己个性的舞台和空间，但双人舞不是相互迁就或自我牺牲，而是在合作中表达自己的个性，在高度合作的基础上表达真正的内心情感。集体舞也是如此，集体舞练习者通过长时间的语言和身体交流，彼此之间深入了解，从而产生了共同的使命感、归属感和认同感，成为一种强大的凝聚力。这种强大的凝聚力不仅使舞者有明确的合作愿望和共同目标，还培养了一种自觉的内在动力，这种动力产生于共同的价值观和文化信仰。教师在课堂中融合淮海战役的团结协作精神与体育舞蹈集体舞本身的价值，两者形成合力，共同促进大学生提升团结协作能力，培养团结协作意识。

“依靠人民”要求当代大学生要学习和传承这种同仇敌忾的精神，调动一切积极因素，团结一切健康力量，同心同德，携手并进，为实现“中国梦”而努力。教师在体育舞蹈课堂上讲授人民群众的重要性，不仅有助于大学生树立正确的人民立场，也能让当代大学生明白社会的发展、时代的进步，永远离不开人民的力量。年青一代不仅需要学习知识，提高技能，拓展能力，还需要坚定信念，承担责任，勇于担当。年青一代要继承革命先辈“关键时刻挺身而出”的优良传统，在成长中获取知识、培养技能、冲破藩篱、开阔视野、承担责任、解决问题，筑牢思想基础、担当使命、克服困难，应当成为一名有精神气质、担当精神、自我价值的有为青年，在奉献中实现自我价值。

决战决胜表明所有成功不是一蹴而就的，还需要坚定的毅力和不惧困难的决心，以及日复一日、年复一年的坚持。不管是在生活中还是学习中，都需要学生们有坚定的信念，相信自己能克服一切困难，不断向上攀登。体育舞蹈动作的学习更是如此，根据运动技能的掌握规律，每个动作的熟练掌握需要经过泛化、分化和自动化三个阶段，每个阶段都需要付出汗水和努力。在体育舞蹈学习中，那些经历过挫折和失败的学生会吸取经验教训，以坚定的意志去克服学习上的困难，而那些意志薄弱的学生则可能失去信心。这时教师将淮海战役中决战决胜精神的深层次含义融入课堂，给学生讲英雄故事，鼓励他们效仿那些克服挫折和苦难的英雄战士，用毅力和信心克服困难，从困境中走出来，从而激发学生对成功的渴望，锤炼意志。学习淮海战役精神，教会大学生在面对困难和挑战，比如学习体育舞蹈动作遇到瓶颈时，不应动摇，也不应犹豫或退缩，要有敢打必胜的大无畏精神，敢于挺身而出，迎难而上，坚定信心，艰苦奋斗，战胜一切困难，争取胜利。

（2）淮海战役精神融入高校体育舞蹈课程思政经验启示

1）创设情境，利用环境浸润

唯物辩证法认为，感性认识是理性认识的前提，人从抽象的感官印象中获得感性认识，并通过大脑加工形成具象的理性认识。在教学实践中表现为，按照人类认知发展的顺序，人必须先有情感体验，形成最初的感性认识，然后通过思维组织和加工，最后达到理性认识，这就大大增强了课程的实用性。为学生创造情感体验的方法有哪些？一个好的策略是创造一个学习情境。

情境教学法源于20世纪30年代的英国，最早应用于心理学领域。如今，情境教学法在我国的中小学各科教学中得到了广泛应用。情境教育是指通过创设情境，唤起学生的激情感受，将情感和认知活动联系起来，加深学生对知识的理解，帮助学生形成情感态度，实现认知和情感发展统一的教育方法，具有潜移默化的教育效果。思想品德教育不是直观具体的，教师不能把情感态度和价值观作为知识直接传达给学生，只能隐性地传授。德育的情感和态度内容，如对淮海战役精神的理解、对红色文化的态度、对体育舞蹈的学习感悟等，都能通过情境化策略进行教学。

例如在站姿训练时，训练带来的枯燥感极易致使学生松懈，这时就需要强大的意志力做支撑，因此，教师可以引用站军姿的典故向学生们讲解站姿的重要意义，以及在革命年代，战士们为取得战争胜利，身姿挺拔、意志坚定地顶着炎炎烈日站军姿的事例，创设情境，用淮海战役中革命先辈的坚强毅力来感化学生，培养学生坚持不懈、不惧困难的精神品质。

2）提高素养，强化主体作用

教师作为将淮海战役精神融入高校体育舞蹈课程思政这一实践活动的主体，其课堂教学质量对体育舞蹈课程思政的育人效果有很大影响，要把淮海战役精神等红色文化融入体育舞蹈课程思政中，教师就必须抓住课堂讲授这个主要环节。

教师应积极探索可融入资源，并将淮海战役精神等红色文化转变为学生喜闻乐见的素材资源，然后通过科学的教学方法和手段将其融入体育舞蹈课堂中，从而增强教学效果的实效性。体育舞蹈教师提高自身教学水平，不只注重运动技能的增长，还应提高自身修养，发挥表率作用，为学生树立道德模范。

3）结合内容，提高融入契合度

教师在课堂上进行思想政治教育时，可借助红色文化精神来提高教学实效，但应确保教学内容的完整，在确保能完成规定教学任务的基础上，再深入探究该内容与红色文化精神的融合契机，如此既能保证完成教学任务，又能最大限度地利用红色文化进行思想政治教育。以淮海战役精神融入高校体育舞蹈课程思政为例，由于体育舞蹈课程具有自身的逻辑体系，并非所有的教学内容都能与淮海战役精神相关，如何把握机会、寻求融入的最佳时机，这就需要教师有较高的专业素养，在教学中充分发挥自身优势，以求在有限的教学内容中，最大效率地融入淮海战役精神，获得最佳效果。教师要确保体育舞蹈教材内容与淮海战役及其精神的高度契合，一般来说，教师可以从站姿训练、基本功训练、集体表演、教学比赛等教学环节抓准时机融入。教师还可以设计淮海战役相关主题的教学，并以该主题创编舞蹈组合，例如给学生指定基本步，提供淮海战役素材和音乐，以小组为单位进行组合创编，既能提高学生合作、创编能力，又能深化淮海战役精神的融入效果。

在教学内容融入过程中，教师亦可充分利用多媒体技术来确保体育舞蹈课堂的生动形象，如播放《淮海战役》《老虎队》《大决战》《开天辟地》等影视作品的精彩片段，并以片段中的人物角色为模仿对象，以故事情节为事情发展线，让学生进行简单的主题舞蹈创编。另外，教师可选取淮海战役相关音乐，组织学生以组为单位，以唱、跳结合的形式进行表演，并充分利用学生互评和教师评价来促进学生的全面发展。

4）与时俱进，创新教学方法

将淮海战役精神融入高校体育舞蹈课程思政等实践活动，采用传统的教学方法是难以达到融合效果最大化的，因此教师必须改进教学方法。

首先，舞蹈教师要善于将自己熟悉的淮海战役等红色文化的相关故事融入课堂教学中。教师可以用淮海战役的故事来教育学生要有无私奉献、勇于担当的精神，大至为实现中华民族伟大复兴的中国梦所担当的责任，小至在平时舞蹈课上教师要求分小组展示时的群策群力，这些都需要学生有较强的担当意识。教师通过这种生动的教学方式，不仅能增强学生对淮海战役的理解，还能提高他们的集体荣誉感和团结协作意识。

其次，舞蹈教师还要运用有效的教学方法，把淮海战役精神等红色文化融入课堂中。例如，如今互联网已经成为大学生生活和学习的重要平台，因此，教师可以将淮海战役精神等红色文化融入高校校园网络建设，一方面，充分利用网络平台的优势，加强网络科技在教学中的应用，构建多领域的红色资源融入途径；另一方面，将淮海战役精神等红色文化融入高校校园网络建设，有利于在高校建设网络思想传播舆论阵地。例如，高校可以通过创建淮海战役精神专题网站、微信公众号、微博号和抖音视频号等途径，依托高校校园网络，以学生喜闻乐见的形式为载体，开设丰富多样的栏目。通过互联网的形式，教师可以推荐红色文化主题的体育舞蹈节目，通过布置作业的形式，加深学生对该节目的理解，不仅能让学生学习到节目的编排特点，还能拓宽学生的知识面，形成对多种红色文化的认识。

5）完善体系，促进多元评价

评价是教学环节的重要部分，合理利用评价能有效促进教学活动的发展，因此，在淮海战役精神融入高校体育舞蹈课程思政实践活动中，也须充分发挥评价的作用。

评价主体多元化，指的是高校体育舞蹈课程思政作为一个教学活动的整体，不仅须对学生的学习效果进行评价，还须对专业课教师、学生、辅导员、学校领导、监督人员等进行评价。不同身份所处立场与角度不同，所做出的评价也应不同。教师评价分为教师自我评价、同行评价、学生评价和专家评价。在教师自我评价中，教师最了解自己的教学和工作情况，最清楚教学过程中的困难和不足。因此，专业课教师应充分发挥自我反思能力，把教师自我评价放在评价过程的重要位置。同行评价，是指同行教师之间的评价，是了解对方的教学内容和风格，发现可能存在的教学差距和不足的一种方式。学生评价，是教学效果最直接的反映，更加客观和直接。因此，教育部门需要通过加强对红色文化资源的开发和利用，明确评估要求，完善评估体系，将红色文化融入舞蹈教学来推动这一实践。教师在评估时也应采取多种方法，不仅要评估体育舞蹈活动本身的影响，还要评估学生的情感态度和价值观。这可以从多个角度进行，包括学生的态度和行为。因此，必须推动评价体系的科学发展，以更有效地调动师生的学习积极性，促进红色文化融入高校体育舞蹈课程的思想政治实践。

（3）舞蹈鉴赏教学过程中思政教育方法选用

舞蹈鉴赏课程不同于史论课程，舞蹈鉴赏课程并无直观性、系统性的舞蹈理论知识点，而是借助不同种类、不同风格的舞蹈作品展示，让同学们通过对系列优秀经典舞蹈作品的观看，了解作品所表达的主要内容，并通过发掘每部作品独有的艺术形式，感悟作品形式与其思想内涵之间千丝万缕的联系。由于在舞蹈鉴赏课教学过程中，教师所面对的学生不同，这就导致学生在欣赏舞蹈作品时审美观不一致，因此，相比舞蹈史论课程，舞蹈鉴赏课具有灵活性和可能性，这种灵活性和可能性就要求在舞蹈鉴赏课程中，教师应使优秀作品起示范作用，因而采取示范教育法较为妥当。除此之外，舞蹈鉴赏课是借助对作品赏析理解的方式，为学生树立积极正确的审美观念和审美取向，这种将审美教育和思政教育寓于舞蹈艺术作品的方式，与形象教育法极为契合，而形象教育法也可使舞蹈鉴赏课的思政教育价值更强、更直观。

在舞蹈鉴赏课教学中，示范教育法较为常见，尽管目前尚无定论表明舞蹈鉴赏课教学中已存在示范教育这种思政教育方法，但舞蹈鉴赏课的作品展示无疑契合了示范教育的原理——以典型的舞蹈作品来教育学生，提高学生的思想认知及审美水准。而示范教育法的内涵正是通过典型示范的一系列教学行为，以典型的人、事、物对受教者进行思想精神层面的引领和升华，提升受教者的思想认识。对于舞蹈鉴赏这门课程本体而言，由于其直接目的是审美教育，而学生对于美的感知又参差不齐，加之无论是舞蹈作品本身的美感还是学生自身的审美均难以量化，参差不齐，而示范教育法的特征正是将抽象的说理转化成具体而又生动的典型人物或榜样进行教育，从而引起人思想上和精神上的共鸣。对于舞蹈鉴赏课而言，教师们精心择取的一系列优秀经典的舞蹈作品则是示范教育法最好的引用内容。然则教师在运用示范教育法进行舞蹈鉴赏课教学时，应注意三点：其一，学习鉴赏典型的舞蹈作品，应尽量避免生搬硬套，一切典型的舞蹈作品均是共性与个性的统一，教师虽然应对于同一类别或同一题材、同一风格的作品进行统一介绍与鉴赏，但对于每部作品也应进行详尽阐述，针对具体舞蹈作品展开具体分析，引导同学们在共性与个性的辨析中，提升对于不同作品的感知能力——提升对于不同作品题材、主题、舞蹈语言、舞蹈形式等不同要素的分析能力。其二，教师应培养学生对于先进的典型舞蹈作品的兴趣，爱护经典作品，以其自身的热爱带动学生的热爱，且应实事求是宣传弘扬主旋律的优秀典型作品。其三，教师在向学生介绍典型作品时，也应注意树立的典型舞蹈作品要有广泛的群众基础，作品应是能够经受住大众审美考验，且符合主流审美取向的精良作品，尽力从根本上避免学生接触负能量或是内容消极、无艺术价值的作品。

在舞蹈鉴赏课教学过程中，形象教育法同样可以丰富教学内容，提高教学质量。形象教育法即借助文学、艺术等特殊的方式或手段，将思政教育贯穿于直观的、生动的、具有强烈感染力的文化娱乐活动中的方法，也即通常所指的寓教于乐。在舞蹈鉴赏课教学过程中，教师可采用寓教于乐的方式，将伟大精神贯穿于优秀经典的作品鉴赏中，通过介绍作品基本信息、讲述作品风格、讲解作品主要内容、剖析作品形式亮点、挖掘作品精神价值等一系列手段，将思想政治教育寓于文艺作品——涵盖或体现伟大精神的舞蹈作品中，从而在不知不觉中，潜移默化地将伟大精神融入学生对于作品的理解中。

第二节　思政教育在舞蹈实践课程中的融入

高师舞蹈专业的课程设置中，不仅包含以史论课程为主的专业理论课，更包含占据主要教学层面的专业实践性课程，如素质技术、芭蕾基训、古典舞、民族民间舞、现代舞、编导课等一系列培养学生专业技能的课程。就表层而言，这种专业实践课似乎与学生的品德教育和思想提升并无太大关联，但在实际教学中，这些课程对于学生的艺术观念、审美观念及道德观念的养成起重要作用。舞蹈专业课程并非原理性的直接灌输，又非理论知识点的疏导教学，而是一种立体化、具象化的言传身教，因此在这类课程中，课程思政所要求的潜移默化、润物无声的特点应被最大化地发挥出来。尽管这类课程并不能像专业理论课程那般与思想政治理论知识有共通的书面属性，但专业实践课程的德育作用同样不容小觑，由于舞蹈专业实践课程不像思政课程一样运用显性教育手段对学生进行直接灌输，而是须借助隐性教育手段，潜移默化地将思想政治教育融入课程教学中，因而在专业实践课程中的思政教育更容易为学生所接受，因此思政教育效果更佳。近年来，较多专业课教师已然十分注重在课程中有意识地培养学生各类优秀品质和高尚德行，注重自身在德行方面的影响，以更深层次贯彻高师舞蹈教学所要求的“师德培育”。

1.技术类课程中培养自强精神

在高师舞蹈专业教学中，技术类课程是提高学生身体基本素质和能力的课程，主要包含基训课与素质技术课两类课程。基训课程包含诸如芭蕾基训、古典舞基训、基本功训练等课程；素质技术课以学生的舞蹈技术技巧及体能训练为主要内容，此类课程内容以基本训练组合为主，对学生而言，训练不仅辛苦，而且枯燥无味，因此在基训课与素质技术课中，教师可引入红色故事或精神，培养学生自强不息、吃苦耐劳的精神，让学生通过基训课以及素质技术课，理解训练身体基本能力的重要性，从思想层面提升自身耐劳觉悟。

（1）课程内容定位

在多数高师舞蹈院校的课程设置中，基训课的课程设置以芭蕾基训及古典舞基训为主。芭蕾基训以芭蕾基础为训练体系，是全球公认的科学化舞蹈训练体系。芭蕾基训课程遵循了古典芭蕾最基本的规范性和系统性，其训练体系较为固定严密，且依据学生身体条件设置循序渐进的规范化训练内容。从最基础的地面练习至扶把擦地训练再到中间练习和跳跃训练，每个组合难度层次递进，从单一动作训练到最后的复合性组合练习，通过难度的逐渐提升，使学生的基本能力得到体系化训练。

古典舞基训同样是高师舞蹈院校的主要课程，是以芭蕾基训课为其根源，结合了中国戏曲、中国武术等中国传统文化的基础训练课程。古典舞基训课在教学过程中，不仅涵盖源自芭蕾舞艺术长线条感的舞蹈语汇，同时将具有中国古典舞身韵身法特征的特色动作语汇融入其中，将肢体与气息进行高度契合，并将其授予学生，使学生在提升身体基本素质能力的同时，在一定程度上使气息、身法韵律与肢体动作相配合，达到古典舞身韵特征与芭蕾舞技术能力的融会贯通。

素质技术课在高师舞蹈教学中是为提升学生的素质能力而设置，但相对于基训课而言，素质技术课教学的主要目的在于对学生既有的基本能力进行提升，并加入技术技巧的教学与训练，如跳、转、翻等一系列舞蹈技术技巧，从而为舞蹈剧目的学习与表演锦上添花。舞蹈素质和技术技巧课程以柔韧训练、力量训练和协调训练为主要内容，最初仿照戏曲毯功训练的模式，逐步演变成具有舞蹈特点、为舞蹈剧目表演而服务的技术技巧教学体系，从舞蹈艺术审美角度出发，将一系列技术技巧发展成具有审美意义和价值的舞蹈技术技巧。

（2）培养自强精神

在思政教育融入过程中，除了融入具体可观的思想政治理论知识点，精神与思维层面的熏陶同样不可忽视。众所周知，不论是芭蕾基训课、古典舞基训课还是素质技术课，对于学生均较耗费体力，难免有学生会对此类课程产生抵触心理，因此对于此类课程思政教育的融入可减轻学生对于枯燥无味基础训练的厌倦感，将中华民族自古传承的自强不息品性渗透课堂中，提升学生的思想意识和道德素养。

《周易》中言："天行健，君子以自强不息；地势坤，君子以厚德载物。"自强精神是中华民族的传统美德和高尚品质。在基训课与素质技术课讲授过程中，教师可适当融入我国人民自强不息、艰苦奋斗、吃苦耐劳、勇往直前的精神案例，通过案例的呈现，引导学生深入理解自强精神的含义，从而端正对基训课及素质技术课的学习态度，以自强不息的精神作为精神动力和精神指引，认真跟随授课教师完成课业内容，为日后的剧目学习表演打下坚实基础。在授课过程中，教师选取的体现自强精神的案例也应深入考量，选取能够引发学生共鸣的案例。例如，教师可以运用舞蹈艺术家黄豆豆的案例作为课程导入，黄豆豆毕业于北京舞蹈学院，历经千辛万苦终成长为著名的舞蹈艺术家，曾多次为国家获奖，曾获"世界优秀人才"、全国文联"百名优秀青年艺术家"、上海市"德艺双馨艺术家"等荣誉称号。然而，黄豆豆如今的成绩却来之不易。黄豆豆自幼便开始艰苦严苛的基本功训练，数十年如一日地坚持，最终造就了其精湛过人的顶尖级舞蹈表演水平与技术才能。极其扎实精湛的舞蹈功底，使黄豆豆在众多舞者中走出了独属于自己的一条舞蹈艺术之路，最终成为顶尖舞蹈艺术家，为我国的舞蹈事业发展做出巨大贡献。以舞蹈艺术家黄豆豆的经典事迹作为课程导入，不仅可以让学生通过榜样示范燃起心中对于舞蹈艺术的热爱，还可以引导学生对知名舞蹈艺术家的艰苦经历感同身受，更能够教会学生切勿妄自菲薄，接受且正视自身先天条件，自信自强，从而将热情贯入基训课与素质技术课的学习过程中。

2.风格类课程中树立文化自信

高师舞蹈专业的古典舞与民族民间舞课程均属于中国舞蹈范畴，是原汁原味、生长于中国的舞蹈艺术，独具中国传统文化与艺术风格，因此本节将这两类课程归属于风格类课程。古典舞与民族民间舞看似两个迥异的舞蹈种类，实则渊源颇深。中国古典舞虽然以芭蕾的训练体系为参考，但其艺术文化底蕴却源自中国数千年流传下来的中国传统文化——武术、杂技与戏曲。民舞课即民族民间舞课，其艺术文化底蕴则来自中国各民族以及民间的原生态或散见舞蹈，承载着中华民族最原汁原味的地域文化。无论是古典舞还是民族民间舞，均是中国传统文化艺术的精髓与沉淀，在中国古典舞与民族民间舞课程的授课过程中，教师不仅应注重课程内容与舞蹈组合的讲授，更应注重使学生在学习中国古典舞与民族民间舞的过程中，深入理解中国传统文化风韵，体味中国各民族风土人情，感受来自民间的原生态情怀，以助学生在学习中国传统舞蹈艺术的同时，树立坚不可摧的文化自信。

（1）课程内容定位

高师舞蹈专业所设置的古典舞课程特指中国古典舞身韵课程，创立于20世纪50年代，由北京舞蹈学院古典舞教授李正一、唐满城先生整理并创建。中国古典舞名为古典，却并非古代舞蹈的翻版，其建立在中国传统舞蹈美学的基础上，是贴合现当代人审美观念的新式古典舞，有极其深厚的中国传统文化底蕴。中国古典舞身韵课程以“身法”和“韵律”为主要内容，“身法”归属于身体外部的技法范畴，“韵律”则归属于身体内部的艺术内涵形态。高师舞蹈专业的舞蹈课程除了专业技能的培养价值，还具有古典舞得天独厚的美育和德育价值，在文化强国建立的时代背景下，中国古典舞身韵教学将通过课程思政的方式，为中国传统文化的传输带来新的契机与活力。

民舞课是民族民间舞课程的简称，中国民族民间舞扎根于中国民间地域的富饶文化中，由劳动人民在长期劳动生活中集体创造、历经多年积淀发展而成，并在各地域与群众间广泛流传的一种舞蹈形式。高师舞蹈专业的民族民间舞课程并非直接教授纯粹原生态的民族民间舞蹈，而是由艺术家深入民间，经过无数次采风与田野调查，之后加工整理成具有系统性和表演规范的舞蹈课程内容。高师舞蹈专业的民族民间舞课程旨在训练学生民族民间舞的表演才能和技术技巧，使其熟练掌握运用各民族、民间舞蹈的风格与韵律，并在一定的民族民间舞组合学习与剧目表演的基础上，提升学生对于民族民间舞蹈文化风韵的认知与体悟。民族民间舞课程中的思想政治教育融入，可有效加深学生对于民族民间舞文化底蕴的认知，提升学生对于中国民族民间传统文化的喜爱。

（2）树立文化自信

古典舞课程与民族民间舞课程，均隶属于中国舞蹈教学范畴，在此类课程的授课过程中，思想层面的熏陶与课程内容的教授同样重要。通过教学内容上升至传统文化灌输，让学生意识到自身所学的课堂内容具有如此丰富多彩的文化价值，自身所处的国家拥有如此广博厚重的文化底蕴，从而在内心深处对于舞蹈艺术和我国传统文化滋生敬畏自豪之感。这不仅能提高教学内容质量，更能提升课程设计的高度。教师在古典舞课程与民族民间舞课程的讲授过程中，同样可通过优秀舞蹈案例引入思政教育。例如，引用舞蹈艺术家杨丽萍及其所创演的孔雀舞案例进行民族民间舞的课程导入，杨丽萍是中国著名的舞蹈艺术家、编导家，致力于中国民族民间舞蹈事业的发展，其独舞《雀之灵》曾于 1994 年荣获中华民族 20 世纪舞蹈经典作品金奖。这位从深山中走出的神秘舞蹈家极其善于用肢体塑造来源于大自然的艺术形象，她让中国原色民间文化以舞蹈艺术的方式闻名世界，并在其所创演的舞蹈作品中，融入其所尊崇的“自然”艺术观念，将中华传统文化中的“天人合一”“物我合一”等思想通过艺术手段呈现给世人，使世界通过其“孔雀舞”得以了解中国传统的民族民间舞蹈文化魅力。教师将艺术家杨丽萍及其舞蹈作品作为案例，融入民族民间舞课程，不仅可以让学生更好地了解相应民族——傣族舞蹈文化底蕴，更可让民族民间舞蹈课程更具有思政意义，同时还可以潜移默化地培养学生中国传统舞蹈文化的主人翁意识，在不知不觉的授课过程中，增强学生对于民族民间舞的认同感，提升学生对于中国传统舞蹈的文化自信。

教师不仅可运用民族舞蹈艺术家的案例进行引入，同样可运用古典舞舞蹈艺术家的案例，让学生从中国历史文化的视角审视古典舞，燃起对中国古典舞的热爱与文化认同。孙颖先生是我国著名舞蹈艺术家、教育家，是北京舞蹈学院创办元老之一，历经半个多世纪的理论探索与创作实践，终开创中国汉唐古典舞流派。从汉唐古典舞流派创建以来，孙颖先生通过艰辛的研究、创作、教学，不仅将以女子群舞《踏歌》为首的汉唐古典舞作品推出国门，将舞剧《铜雀伎》、男子群舞《谢公屐》以及女子群舞《相和歌》等舞蹈作品呈现在世人面前，更是通过多年教学实践，使汉唐古典舞学科从零发展至具备成熟完备的教学体系。在舞蹈意蕴层面，孙颖先生以中国真实历史文化典型为创作之源，以中国传统审美观念为根基，结合当代艺术表达方式，塑造出独具中国古典精神的艺术形象。在孙颖先生与中国汉唐古典舞的经典案例中，孙颖先生为中国古典舞事业发展而鞠躬尽瘁的理想信念油然可敬，这种对中华艺术文化至纯至净的追求，值得每一位舞蹈专业的学生共情且铭记，教师将孙颖先生的案例融入高师舞蹈专业的古典舞课程中，引导学生对于中华传统舞蹈文化要始终秉持尊重、敬爱和崇高的认同，中国古典舞焕发出的强烈生机与活力将是中国每一位舞蹈人舞蹈文化自信取之无尽、用之不竭的源泉。

3.创编类课程中贯入革新理念

创编类课程是指以舞蹈编导和创作训练为主要教学内容的课程，但此处不仅涵盖舞蹈编导课程，同样涵盖以开发肢体和开拓思维为主要教学内容的现代舞课程。现代舞课程与编导课程均不以中国传统舞蹈文化为课程内容来源，相反，现代舞课程是源自美、德，与古典芭蕾审美理念相悖的课程。而编导课更是以现代舞为动作来源和基础，能够开阔学生视野，增强智力，培养多向舞蹈思维。现代舞与编导课中的思政融入，无法从传统舞蹈文化层面入手，但可以以现代舞“求新求变、标新立异”的特征为导向，引导学生在守住传统文化精神的基础上学会创新，将革新理念与突破性思维融入日常现代舞课程与编导课程中。

（1）课程内容定位

高师舞蹈专业的现代舞课程是高师舞蹈院校针对现代舞理论和实践所开设的专业必修课程。该课程主要授课对象为高师舞蹈专业的在校生，内容涵盖以玛莎·格莱姆“收缩—放松”技术体系以及多丽丝·韩芙丽的“倒地—爬起”技术体系为原理的现代舞基础训练，以基训组合的形式教授，同时涵盖现代舞即兴训练，培养学生在未经构思的情形下依据随机播放的音乐或教师任意给出的节奏、音响自由发挥，现场随机编创出舞段的能力。即兴训练极为考验学生对于临场各方面要素如音乐、空间、道具、氛围的把控与运用，锻炼学生的临场应变能力和所处情境信息的感知觉。现代舞与即兴舞蹈关系紧密，而编导课程更是离不开即兴舞蹈的助力。众所周知，许多优质精良的舞蹈艺术作品，均来自编导家一触即起的灵感迸发，在编导课程中，即兴舞蹈训练更是必不可少，而舞蹈编导课程也因此与现代舞课程辅车相依。高师舞蹈专业的编导课程是一门开发学生智力，培养学生多向思维，提升学生创新性舞蹈思维的专业基础课程。舞蹈编导课程不仅包含即兴舞蹈训练，同时包含编创实践训练，如单人舞编创模块、双人舞编创模块、三人舞编创模块以及群舞编创模块等，从单一的静态舞姿造型，通过动势发展成舞句训练，再到舞段训练，最后以舞蹈小品或完整舞蹈作品编创为考评标准。现代舞课程和舞蹈编导课程是极具创造力的课程，教师不但应培养学生在舞蹈编创过程中的创造性思维，更应注重教学过程中对学生的创造性启发。现代舞课程和编导课程中的思政教育融入，应以现代舞和舞蹈编导艺术素所尊崇的“革新”理念作为切入点，让学生在学习过程中，在掌握高师舞蹈专业所要求的现代舞技能和编导能力的同时，得到舞蹈思维的开拓与升华。

（2）贯入革新理念

现代舞源自 19 世纪末 20 世纪初的一场舞蹈大革命，源自现代舞之母伊莎多拉·邓肯为自由而舞的最初理想。“自由”是起点，而“新颖”则是现代舞人矢志不渝的追求。舞蹈编导艺术以现代舞为基点，更是要求编创者应编导出具有新意和艺术价值的作品。高师舞蹈专业的现代舞与编导课程，是培养一专多能、兼备舞蹈表演、教学、编创等各类能力的综合型舞蹈人才，因此思政元素的挖掘与融入在现代舞与编导课中极为重要。此类课程中，教师可将“革新”理念作为思政教育的切入点，以现代舞发展历程和发展规律作为课程案例，引导学生通过了解现代舞发展历程，纵向观照现代舞每一时期的艺术特征，从变化中总结其变化的相同之处，即“反向继承”，也即“革新”理念。现代舞每一时期都是对于前一时期的“打破”，现代舞的“反传统”，实际上就是以“逆向”的方式，继承前人的传统。现代舞素来崇尚“求新求异”，这是现代舞发展过程中每一时期的特点和追求。而现代舞的继承，也并非对于舞蹈风格、审美观念、舞蹈内容和形式等外在因素的继承，而是对于一种精神的继承，这种精神正是现代舞各代艺术家一贯尊崇的“反叛精神”——敢于打破、敢于革新、敢于离经叛道、另辟蹊径。因而，这种继承也被称为“逆向继承”。正是这种“逆向”的革新精神继承，才使得现代舞在科技发展日新月异的时代，在艺术界占有一席之地，成为极具国际化气息的舞种。现代舞尚且如此，舞蹈编导艺术更应注重“革新”意识。高师舞蹈专业的综合型人才培养模式历经数年发展，已然较为成熟完备，然而无论是舞蹈编导、舞蹈表演，还是舞蹈教学，均需“创造性转化”和“创新性发展”，这不仅是现代舞和编导课的思政教育要求，更是舞蹈教育事业发展必不可少的理念。我国舞蹈教育事业的未来将由目前高师舞蹈专业所培养的人才承担，通过现代舞和编导课程以“革新”理念为切入点的思政教育，未来舞蹈教育人才也将在其事业中着重“守正创新”，我国舞蹈教育事业未来的发展也将随之焕发更强的生机与活力。

4.排演类课程中感知红色文化

安排学生进行舞蹈排练与培养学生的表演能力是舞蹈教学中极为重要的

一环，因而，着重培养学生舞蹈排演能力的舞蹈剧目排练课程是高师舞蹈专业以及其他艺术类高校舞蹈专业课程设置的重点课程。舞蹈剧目排练课以成品舞蹈剧目为主要内容，因此与思想政治教育融合的程度将更宽广，融合方式将更直接，思政教育效果也最明显。我国以红色文化和红色精神为题材所创作的舞蹈作品数不胜数，因此在舞蹈剧目排练课中，教师可直接择取彰显红色精神价值的舞蹈作品进行排练，让学生通过红色题材舞蹈剧目的学习和排练，感知红色文化和革命精神。

（1）课程内容定位

剧目排练课程作为高师舞蹈专业限选课程，将学生既有的舞蹈基本能力、素质技术能力、舞蹈表演能力等各方面能力融会贯通，排成独立成熟的舞蹈艺术作品，以体现学生的综合专业水平。舞蹈剧目课程排练兼具舞蹈艺术实践性和综合性，同时能够培养学生的综合实践能力，实现学生的全面发展。此课程并非单纯的剧目呈现，而是通过学生自排自演，锻炼学生排练能力和对剧目中艺术形象的掌握能力，同时提升学生对于舞蹈剧目所隐含的文化的理解。低年级的舞蹈剧目排练课程由教师组织排练和剧目汇演，高年级的学生则自行组织排练和汇演，从教师引导到自排自演，舞蹈剧目排练课程将逐步锻炼学生的排练组织能力和对舞蹈作品的择取水准以及理解剧中内容、塑造形象等各方面能力。在舞蹈剧目排练课程中融入思政教育，教师可以以红色题材剧目作为特色模块，在排练、学习过程中，引导启发学生透过剧目内容和呈现形式，感知舞蹈作品的创作背景和历史文化。

（2）感知红色文化

舞蹈剧目排练课的思政融入当以“红色题材舞蹈作品”为切入点，这种思政融入方式不仅最直观、最便捷，其效果也最显著。红色题材舞蹈作为我国红色文化的重要内容，大多以革命战争时期或新中国成立时期、社会主义建设时期作为舞蹈剧目创作的时代背景，以讴歌党和人民的英雄事迹、宣扬伟大的革命斗争精神，还具有鼓舞、激励人民群众不忘初心、牢记使命，积极投身于中华民族伟大复兴事业的重要意义。红色题材的舞蹈作品意义非凡，优质的作品通过高尚的内容和形式，将观众带入作品所描摹的舞蹈情境中，使观众能够深刻感受到彼时的文化与精神。在舞蹈剧目排练课程中，教师与学生均可选取彰显红色精神的舞蹈作品进行排演，如体现东北抗联精神的舞蹈作品——《八女投江》、体现长征精神的《情深谊长》、体现红船精神的《红船》以及体现抗战精神的《南京·亮》等作品。以作品《八女投江》为例，在排练过程中，教师不仅要让学生通过舞蹈动作的设计，感受动作语汇风格特征——刚劲有力兼具柔情似水，分段落设计不同风格的舞蹈动作，女战士们刚柔并济的形象也因此而呈现；还要在表演风格上，通过坚定的眼神、视死如归的神情，以及“红盖头”出现时那一晃而过的期待，将人物形象更加饱满地呈现出来。除此之外，舞蹈作品背后所表达的抗联精神，才是该剧目艺术表达的根本，这种为革命甘于牺牲奉献的伟大精神，正是高师舞蹈专业学生通过舞蹈剧目排练课程所应理解和感怀的根性文化，这也是舞蹈剧目排练课程中思政教育融入的意义和价值所在。

第三节　思政教育在实践活动组织中的融入

在高师舞蹈专业的教学中，舞蹈艺术实践活动是专业课程设置中不可或缺的一部分，是高师舞蹈专业教学水平和学生综合实践能力提升的重要因素。在高师舞蹈专业教学中，除日常理论知识学习与专业技能训练之外，还应重视在艺术实践中培养学生的综合能力。“三全育人”包含全员、全程、全课程育人三个层面，涉及日常教学活动的方方面面，思政教育在实践活动组织中的融入较为灵活，应紧随不同实践活动的开展从不同角度融入，采用多种形式，通过实践活动培养学生的综合性思维和能力。

1.专业赛事中树立得失观念

对于高师舞蹈专业学生而言，看重什么、看轻什么、坚守什么、舍弃什么，是关乎每一个学生得失观念、名利观念的重要课题。高师舞蹈专业学生在日常学习与生活中，难免参加各类舞蹈专业的比赛，小到学院内举办的友谊赛，大到市级、省级乃至国家级、世界级的专业技能大赛。舞蹈比赛是诸多类型的舞蹈艺术实践活动中，最具影响力也最能锻炼学生综合能力及心理素质的实践活动。学生在舞蹈比赛中可以充分发挥自身积累的专业技能，通过一次次比赛积累参赛经验，在展示自创舞蹈作品或技能组合的同时，有效锻炼临场发挥水准以及对于舞台空间的掌控能力，同时还能增强处理突发事件的机智和能力。舞蹈比赛多种多样，自创舞蹈作品比赛最常见，也有原创舞蹈作品比赛，此类比赛可激发学生的创造潜能，提升学生舞蹈编创能力，进一步开发学生舞蹈编创思维，可以说，舞蹈专业各类赛事极大助力了舞蹈专业人才的成长，使学生通过比赛受益颇多。专业赛事并非都由学校承办，也并非处于规范化课程设置中，因而在各种规模不一的舞蹈专业赛事中，思政教育融入程度难以量化。但对于教师而言，通过这种不具确定性的实践活动组织来进行思政教育融入，效果不比规范的课堂教学差。有些学生在参加专业化舞蹈比赛的过程中，由于太过在意比赛结果，从而导致心态失衡，有的学生曾因过度练习使身体受损，甚至无法参加比赛，此类情况反而对参赛结果造成不利影响；有的学生因上台前太过紧张焦虑，从而导致发挥失常，未能呈现出应有的水准；还有的学生因比赛结果不理想而郁郁寡欢，因得失心太重导致情绪低落，影响赛后正常学习和生活……以上种种均为学生未树立正确的比赛价值观，从而引发诸多不良后果。

树立正确、积极的舞蹈专业比赛价值观，首先应培养得失观念。常言道："得意时坦然，失意时淡然。"对于得失名利观念的强调，能够体现新时代高师舞蹈专业人才培养中加强师德修养的新境界与新要求。在专业赛事中，树立正确的得失观念极为重要，一场比赛所带来的影响涉及方方面面，因此教师无论是在赛前、赛中或是赛后，都应该及时调控学生的心态进行，赛前可通过班级小会议的方式，引导学生树立积极、正确的参赛观念，以平常心备赛，但应适度练习，切勿一时贪功从而导致不必要的肢体损耗，同时应引导学生做好赛前准备，比赛所需一切舞蹈用品均应在赛前检查妥当，以免延误比赛时间。在比赛中，教师应实时观察学生心态，适当对临上场的学生进行精神鼓舞，保证学生以最佳状态登场。赛后，教师应及时关注比赛结果和学生情绪状况，对于结果不佳的学生及时安抚，对于结果理想的学生也应稍作诫点，提醒学生要保持谦逊的学习心态，月满则亏，水满则溢，提示学生勿骄傲自满，并可在赛后及时召开总结性班级会议，启发学生反思在比赛过程中出现的问题，并提供解决方案和建议，通过一次次的舞蹈专业比赛，引导学生正确看待舞蹈实践活动，树立积极、正确的舞蹈比赛得失观念。

2.各级演出中培养集体意识

表演类的外出型舞蹈实践活动除了专业赛事，还包含各种类型的舞蹈演出活动。对于舞蹈专业学生而言，社会实践性质的各类演出范围极广，不仅包括校内的各种节日演出，部分院校还会承接校外演出，如重要的文体活动、文艺汇演等各种类型的社会性演出。有些演出活动并不在学校的教学计划中，因此这些演出的灵活性很强，学生在教师的带领下也能与社会有所接触，例如，部分院校每至年底将会带领学生参与春节联欢晚会这种大型晚会的演出录制，面临此类规模宏大的晚会演出活动，校方也将经过重重选拔，最终择取部分优质学生提前进行统一的集训排练。此类演出活动将极大锻炼学生的舞台表演能力，同时有助于培养学生与团队的协调配合能力，而历经校方的逐层选拔，也将极大增强学生对于专业技能学习的上进心，激发学生更加积极主动地练习专业技能。校内的文艺汇演活动，演员们所代表的是本专业甚至本学院的形象，但校外的各级演出活动，演员们则代表整个院校的形象，再至国家级演出，演员们则代表高师舞蹈专业甚至整个舞蹈艺术领域。日常排练是否积极主动配合、日常行为是否得体，此类情况均体现高师舞蹈专业学生的素养，更反映高师舞蹈专业的教育水准和教育理念。教师在学生演出过程中，应实时提点、规范学生的一言一行，例如，当个别学生态度不端正时及时与其沟通，使其端正学习态度，积极配合；再如，个别学生因其在队形中的位置不理想从而对排练产生低落或抵触情绪，教师也应实时对其进行安抚和规劝，开导学生要积极服从安排，并为最终的舞台呈现效果考虑；又如，个别学生因不忍排练辛苦而出现迟到或早退等现象，教师也应及时对其进行批评教育，告诫学生要时刻谨记团队精神，不要延误集体排练时间。对于演出活动而言，学生的集体意识极其重要，这也是各级演出实践活动中应当着力关注的思想政治教育。在各级演出活动中，具有集体意识的团队也将更高效地完成排练任务，且呈现出最佳演出效果，上至带队教师，下至每一个学生都应具备这种集体意识，同理，当高师舞蹈专业学生在教师带领下，在参演过程中知晓集体意识的重要性，其日后在自身教学中也将更加关注团队事件，将此类思想政治教育加以延续。以培养集体意识作为各级演出的思政教育切入点，不仅可以锻炼学生的专业演出能力，还可以通过各级演出实践，潜移默化地将集体意识融入学生的内心，实现润物无声的思政教育效果。

3.外出学习中塑造扬弃观念

在可能的情况下，高师舞蹈院校将在正常教学计划中，为学生设置一定的外出学习实践活动，这些外出学习实践活动包括但不限于进入某专业艺术团体实习、在某地展开专项课题研究或与其他专业相配合进行专业的论文准备与写作、被分派至各个艺术团、学校、艺术馆或文化馆以及青少年宫等进行舞蹈教学实习，有的院校还会组织大二、大三学生集体外出，现场观看经典优秀舞剧作品，以加深学生对于舞蹈艺术的理解。诸如此类外出学习型的艺术实践活动，不仅是对学生的专业水平进行综合性考察，更是让学生通过校外社会实践锻炼专业能力及专业领域外的各方面能力，如审美水准、写作水平、教学能力等。在外出学习过程中，也可进一步提升学生的品德素养，校领导和教师在安排艺术实践活动过程中，应适时融入德育内容，德育内容与专业内容同时安排，二者不可分离或对立。

在外出学习过程中，教师应注重培养学生的学习观念。社会实践过程中，学生所接收的信息和事物并不同于校内所学习的课程内容，是经过数代教育者规范整理而成的知识体系，社会实践中的信息和事物也并非全部正确精准，因而在校外学习中，学生需要准确辨析其所接受的事物是否正确，对于正确的、优秀的文化应积极接受和学习，反之则应及时摒弃，因此教师要引导学生树立扬弃观念。"扬弃"即字面所呈现的"弘扬"和"摒弃"。扬弃观念源于唯物辩证法三大基本规律之一——辩证否定观，即否定之否定规律。正确的扬弃观念是对于旧事物既克服又保留。在高师舞蹈专业的外出学习中，最应摒弃形而上学的观念，要坚持以唯物辩证思维看待问题，对于糟粕要及时抛弃，对于正确的、有益于自身专业水平和能力提升的内容要积极学习和吸收。例如，在教学和实习过程中，学生应将学习重点放在前辈们在教学过程中的优秀方法和经验以及处理突发事件的机智和能力，对于个别教师迟到或者早退现象也应不予置评，及时反省自身是否出现类似问题，正如《论语》中所言："见贤思齐焉，见不贤而内自省也。"此即高师舞蹈专业外出学习实践过程中学生应具备的扬弃观念，教师也应在学生学习过程中将此观念予以渗透，使学生逐渐具备分辨是非的辨别能力，从而获得对自身有益的知识和经验。

想要在课程思政背景下有效进行舞蹈教学创新，需要在教学模式的应用上多下功夫，根据思政教育的具体要求及舞蹈教学的目标，还有目前学生的实际情况，对教学模式进行探索。以舞蹈教学为载体和依托，教师在教学过程中采用有效的教学形式，在培养学生的舞蹈艺术感知力的同时，也要注重培养学生的思想品德，通过把舞蹈教学和思政教育结合在一起，提高学生的综合素质。教师可采取小组合作学习的模式，一方面，小组合作学习能够很好地提升学生的艺术素养；另一方面，在小组合作学习过程中，每一位学生都是参与者、组织者，通过小组合作学习，不仅能够让学生之间的感情更加亲密，而且还能培养学生的团队精神、合作精神，帮助学生建立互相帮助、携手共进、共建共享的深度联结。并且这种实践形式能够很好地弥补教材的不足，通过多角度来深挖课程内容中的思政元素，对提高学生的道德素质有很大帮助。

在教学方面，教师是非常重要的角色，优秀的教师能让学生在课堂上快速理解所学知识，提高学生的学习效率。因此想要确保课堂教学质量，除了在教学模式上多下功夫，还需要在师资方面多下功夫。学校应注重教师队伍的综合能力建设，要从思政教育、时代进步、学生发展之间的相通性与关联性展开详细研究，逐渐推进、深入，突出思政教育与舞蹈教学一体化课程设计研究。同时，学校还要考虑到目前的社会发展形势及学生的学习情况，多开展一些技能培训活动让教师参加，这对提高教师的教学水平有很大帮助。时代在进步，学生思想也渐渐发生变化，对教师的教学能力是一个很大的考验。从某个角度来看，教师的综合能力强弱直接影响课堂教学成果。教师在教学过程中是很重要的角色，教师的一言一行会影响学生良好思想形成。优秀教师首先要在道德方面给学生做榜样，教师要跟上时代的脚步，从时代发展需求出发，改变舞蹈课程以往的教学方式，充分挖掘舞蹈课程中的思政元素，对提高课堂教学质量帮助很大。

课程思政背景下的舞蹈教学课堂应当是生动形象、气氛活跃的，想要打造出这样的教学环境，首先需要用正确的眼光看待教师和学生这两个角色。从理论上来说，开展教学评价工作时不应该只把评价的对象和重心放在教师身上，而应该围绕参与的主体展开详细评价，对提高课堂教学质量有一定的帮助。在教学评价体系方面，要突出对学生发展过程的评价，不能只看重舞蹈成绩，还要注重学生在学习方面的应变能力、理解能力、表达与交流能力。因此，教师要重点关注学生在学习知识时情感的变化、学习态度的变化以及个人思想观念的变化等方面，这些是学生在学习思政课程时比较常见的变化，教师可以利用信息技术来记录这些变化，还可以利用信息技术的便捷性进行反馈，更好地体现出教学评价中知识、方法、态度的三维关系。

想要在课程思政背景下有效开展舞蹈教学创新，教师需要在教学过程中注重课程思政与现实生活相结合。具体到舞蹈教学层面，教师在课程开始前要多关注一些时事热点，从众多时事热点中挑选几个应用于舞蹈课堂上，课程讲授中结合时事热点，给学生讲解舞蹈知识，这对传递正确价值观有很大帮助。

作为一名舞蹈教师，要多和其他学科教师沟通合作，如音乐教师、美术教师等，这样能够更好地帮助学生学习舞蹈知识，有效提高舞蹈教学质量。除此之外，舞蹈教师还要在中国优秀传统文化方面挖掘教学素材，例如，少数民族同胞参加的一些文化娱乐活动，还有中国传统文学、戏曲等。教师在教学过程中注重舞蹈教学与优秀传统文化相结合，能够帮助学生更好地理解所学知识，有效提高学生的认知水平，培养学生良好的道德品质，对学生未来的发展与成长起到积极的促进作用。

4.田野调查中追求人文精神

高师舞蹈专业的学生由于理论课程与实践课程兼修，部分院校也会安排本专业学生进入某地进行有目的的田野调查研究，使学生通过实际调查深刻了解社会，了解民间舞蹈文化，因而田野调查活动是一项极具意义的社会实践活动。高校中的田野调查活动不仅包含理论层面的调查研究，还囊括舞蹈专业层面的采风活动。田野调查活动对于高师舞蹈专业学生益处颇多，舞蹈院校好比一个较为封闭的小型社会，学生长期在校学习与生活，思想容易受到局限，所学知识也均为体系化的学识，较为片面。通过田野调查等实践活动，可促进高师舞蹈专业学生开拓思维。无论是何专业，都应与社会保持相关性，对于高师舞蹈专业学生而言，大部分学生日后将从事舞蹈教育行业，成为支撑祖国未来舞蹈事业发展的教育型人才，因此也应深入体验广大人民的生活，使自身情感、审美观念更贴近人民大众。

尽管田野调查活动时间有限，学生在校期间若多接触社会、体验真实舞蹈教学工作，对其大有裨益。不论是理论化的课题项目还是为深入研究民间舞而进行的采风活动，都能够使学生通过与当地人民群众的交流，获得一定的专业知识，尤其采风活动是挖掘、整理和改编规范民间舞蹈艺术的过程，采风活动会让学生感知到真实原生状态下的民族民间舞蹈文化，与其自身所接受的规训状态下的民族民间舞相比照，在了解人民群众朴实思想感情的基础上，体会到中国传统舞蹈文化最质朴、最真挚的精神情感要素，同时也将感受到其中所蕴含的人文精神和思想价值。田野调查与采风活动是充盈学生审美观念、艺术价值观念最直接、最朴实的方式，通过此类活动，学生也能够理解所学专业最原始的形态，理解其所研究的传统舞蹈涵盖了何种人文精神，而这种探索便是田野调查和采风活动中的人文精神追求。人文精神是一种较为普遍的人类自我关怀，其呈现为对人的尊严、价值、命运的维护、追求和关切。人文精神也是对一种全面发展的理想人格的肯定和塑造，田野调查中的人文精神追求，是对于人类遗留下来的各类舞蹈精神文化现象的高度珍视。通过田野调查活动或采风活动，调研者有意识地记录下传统舞蹈原生状态下的样貌，了解所调研舞蹈艺术发展的来龙去脉，厘清发展脉络，追溯历史成因，并结合地域历史文化探索归纳舞蹈艺术风格特征，从而进一步学习、传承、传播、发展。

在教学层面，对传统舞蹈有组织、有纪律地进行规范，并加工成舞蹈组合予以教授；在表演层面，可邀请舞蹈传承人、艺术家入高师舞蹈院校进行演出，扩大该舞蹈艺术在师生间的影响力和传播范围；在创新层面，可让学生通过采风活动学习原生态舞蹈文化，进行不改变舞蹈艺术风格形态为基础的编创活动，既能够在一定程度上巩固学生在采风中所学知识，还能开拓学生舞蹈思维，更能在学生自己编创过程中，加深学生对于该传统舞蹈文化人文精神的理解与追求，实现学生的理想人格塑造和全面发展。

思政教育在实践活动组织中的融入较为灵活，这些实践活动均属于学校正常的教学计划，这种除校内理论、实践课程等第一课堂之外的有组织、有目的、有计划的教学活动，又被称为第二课堂。高师舞蹈专业同其他所有专业一样，学生们除假期之外的其他时间均在校度过，因此第二课堂的实施和开展有充足的时间和空间，但这也在一定程度上为思政教育的融入增加了工作量，增大了难度。按照“三全育人”的理念，课程思政的实施应涵盖“全员、全程、全课程”，因此高师舞蹈专业学生的所有课上、课余时间都应纳入思政教育的轨道，高师舞蹈专业的教师不仅要保证正常课程的教学，还要兼顾课余时间实践活动组织中的思政教育融入。在实践活动中，要一点一滴将思政教育融入学生参与实践活动的全过程，德育要涵盖方方面面，这极其考验教师对于思政教育的掌控程度和带领学生参与实践活动的经验，但对于学生而言，将思政教育拆开、揉碎进行渗透，在学生不知不觉中实现德行教化，才是课程思政所要求的潜移默化、润物无声的最佳方式，而这种方式也将呈现出最佳效果。

参考文献

[1] Liu X ,Zhu F .Research on Influencing Factors of Curriculum Ideologicaland Political Teaching Effect under Mixed Teaching Mode[J].International Journal of Educational Science and Theory,2024,2(12):12-14.

[2] 赵学芳 . 新工科背景下《工厂电气控制技术》实验课程思政的探索 [J]. 教学方法创新与实践 ,2024,7(1):32-34.

[3] 周维 , 曹波 , 茹官璞等 . 课程思政元素融入高职外科学教学的路径研究 [J]. 中西医结合护理 ,2023,9(12):74-76.

[4] 钱龙 , 喻丽丽 , 郭旭扬 , 等 . 轨道交通类专业课程思政的开展路径探索 [J]. 教学方法创新与实践 ,2023,6(24):23-25.

[5] 刘文 . 谈《计算机应用基础》课程思政教学探究 [J]. 教学方法创新与实践 ,2023,6(24):29-31.

[6] 董伟 . "课程思政" 融入口腔医学技术专业教学的实施路径探索研究 [J]. 教学方法创新与实践 ,2023,6(24):50-52.

[7] 吴婷 , 徐萌 , 许雅 .《AutoCAD 绘图》课程思政教学对策研究 [J]. 教学方法创新与实践 ,2023,6(24):79-81.

[8] 赵英 . 浅谈中职幼儿保育专业音乐课程思政教学革新 [J]. 教学方法创新与实践 ,2023,6(24):97-99.

[9] 汲艳蕊 . 思政元素融入学前教育专业幼儿舞蹈与创编课程教学的探索 [J]. 黄冈职业技术学院学报 ,2023,25(6):71-73.

[10] Yuchen L .A Study on the Construction of the Ideological and Political Teaching Model of Business English Curriculum under the Context of the New Liberal Arts[J].Studies in Literature and

Language,2023,27(3):32-35.

[11] Qu R .Design and Implementation of Vocational English Teaching from the Perspective of Curriculum Ideology and Politics: Taking “English for Careers” as an Example[J].Journal of Contemporary Educational Research,2023,7(12):113-118.

[12] Si Q .An Analysis of the Teaching Reform and Practice of Dance Courses Under the Background of Curriculum Ideology and Politics[J]. Journal of Contemporary Educational Research,2023,7(12):187-191.

[13] Zuo X ,Chen Y .An Innovative Study on the Path of Integrating Curriculum Ideology and Politics in College English Teaching: Taking An Overview of Chinese Culture as an Example[J].Journal of Contemporary Educational Research,2023,7(12):226-231.

[14] 杜鹏 . 课程思政背景下的舞蹈课程教学创新探析 [J]. 科学咨询（教育科研）,2023(11):138-141.

[15] 卢佳怡 . 高校舞蹈表演专业课程思政元素探索与教学实践研究——以中国民族民间舞蹈课程为例 [J]. 大众文艺 ,2023(15):141-143.

[16] 郑瑞丽 . 新疆高校公共体育舞蹈课程思政资源开发研究 [J]. 当代体育科技 ,2023,13(22):144-147.

[17] 胡悦 . 普通高校舞蹈教学中课程思政方式创新实践探索 [J]. 佳木斯职业学院学报 ,2023,39(8):118-120.

[18] 陈晓玉 . 中职学校舞蹈教学中课程思政的探索与实践 [J]. 亚太教育 ,2023(13):80-83.

[19] 陈佳瑜 . 以舞育人、以舞砺心：通识素养类课程思政教学研究——以公选课“舞蹈鉴赏”为例 [J]. 大众文艺 ,2023(11):208-210.

[20] 陈晶茹 . 学前专业舞蹈课程思政建设实践与研究 [J]. 中国民族博览 ,2023(10):154-156.

[21] 苑雯 . 学前教育专业舞蹈课程思政教学实践与反思 [J]. 大众文艺 ,

2023(10):133-135+46.

[22] 张元悦,刘刚.课程思政背景下 TPSR 模式在高校体育舞蹈课教学中的应用策略 [J]. 体育科技文献通报,2023,31(5):105-110.

[23] 孟文果.红色文化融入高校舞蹈课程思政建设研究 [J]. 传媒论坛,2023,6(8):115-117.

[24] 聂英涛,田星.课程思政视域下高校形体舞蹈“双线”混合教学探析 [J]. 体育科技,2023,44(2):117-119.

[25] 吴一.“课程思政”理念在技工院校舞蹈课教学中的运用研究 [J]. 职业,2023(3):44-46.

[26] 孟诗瑶.课程思政背景下古典舞身韵教学改革与实践研究 [J]. 大众文艺,2023(1):172-174.

[27] 勾天博.学前教育专业舞蹈教学课程思政创新路径的实践研究 [J]. 大学,2023(2):165-168.

[28] 陈海红.大学语文课程思政教学模式建构——以广东舞蹈戏剧职业学院为例 [J]. 大学,2022(S2):148-150.

[29] 尚冉,陶媛,温笑杰.课程思政背景下肇庆本土文化在高校舞蹈专业教学中的实践研究——以肇庆学院为例 [J]. 肇庆学院学报,2022,43(6):23-26.

[30] 廖洪刚,常会芳.“课程思政”背景下西藏当代红色歌曲在舞蹈教学中的实践与应用 [J]. 和田师范专科学校学报,2022,41(5):72-76.

[31] 周徐.高校学前教育专业舞蹈课程思政教学改革探析 [J]. 大学,2022(27):133-136.

[32] 赵佳妮.课程思政视域下高职院校舞蹈专业教学的实践路径 [J]. 教育理论与实践,2022,42(27):62-64.

[33] 邓婷.高校舞蹈课程思政教学建设研究——以中国民族民间舞课程为例 [J]. 中国民族博览,2022(15):80-83.

[34] 向庆林,樊翠红.课程思政融入高校体育舞蹈教学的实践路径研究

[J]. 当代体育科技 ,2022,12(21):125-127.

[35] 欧阳雪 . 课程思政在高职院校舞蹈教学中的渗透研究 [J]. 现代职业教育 ,2022(29):169-171.

[36] 邓斌 . 课程思政背景下的舞蹈课程教学创新研究 [J]. 中国民族博览 ,2022(12):63-66.

[37] 马佳 . 高校艺术类专业课程思政问题初探——以舞蹈课教学为例 [J]. 辽宁广播电视大学学报 ,2022(2):15-18.

[38] 黄兰 . 课程思政视域下“红舞”融入高校舞蹈教学路径探索——以学前教育专业为例 [J]. 宁波教育学院学报 ,2022,24(3):112-115.

[39] 谢黎 , 段溥 . 高职院校舞蹈教学融入课程思政的路径探索 [J]. 艺术评鉴 ,2022(10):117-120.

[40] 朱彦霖 . 课程思政视域下高校舞蹈专业课程教学改革初探 [J]. 艺术教育 ,2022(5):271-274.

[41] 徐磊 . 课程思政在高职舞蹈教学中的体现 [J]. 现代职业教育 ,2022(16): 133-135.

[42] 文秀丽 , 张孔军 . 课程思政与高校体育舞蹈教学形成协同效应的路径研究 [J]. 青少年体育 ,2022(3):43-44+95.

[43] 周慧君 . 课程思政视域下高职学前教育专业舞蹈教学内容创新路径探究 [J]. 哈尔滨职业技术学院学报 ,2022(2):62-64.

[44] 李耘 . 课程思政背景下舞蹈课程教学改革与实践研究 [J]. 艺术评鉴 ,2021(24):101-104.

[45] 蒙妍 . 以艺术之形塑品德之魂——“课程思政”视域下的舞蹈学专业课程教学改革探究 [J]. 大众文艺 ,2021(20):172-173.

[46] 张竹岩 , 刘佳鑫 . 高校舞蹈专业多维度课程思政教学模式研究 [J]. 中国教育学刊 ,2021(10):6.

[47] 李娟 . 体育舞蹈教学与课程思政融合探究 [J]. 当代体育科技 ,2021,11(26):224-226.

[48] 陈琳 . “思政”元素融入藏族舞蹈教学的实践探索 [J]. 陕西青年职业学院学报 ,2021(3):29-31+41.

[49] 徐娜娜 . 中职生舞蹈课程融入思政元素探索——以民族民间舞蹈教学实践为例 [J]. 现代职业教育 ,2021(26):36-37.

[50] 赖琼琼 . 探索“课程思政”视阈下高校舞蹈教学内容的构建 [J]. 艺术评鉴 ,2021(11):118-120+128.

[51] 杨茜雯 . 将思政元素融入幼儿保育专业舞蹈课程教学的路径初探 [J]. 乌鲁木齐职业大学学报 ,2021,30(2):13-15+25.

[52] 刘荔 , 许琴 , 范晓谚 . 课程思政背景下舞蹈课程教学改革与实践研究 [J]. 昭通学院学报 ,2021,43(2):52-55.

[53] 李念 . 课程思政视域下红色文化元素在高校舞蹈专业教学中的实践研究 [J]. 陕西教育（高教）,2021(2):4-5.

[54] 徐丽红 . 内地西藏幼师班舞蹈课程思政教改探析 [J]. 中国民族教育 ,2021(1):56-58.

[55] 宋和明 . 课程思政视角下高校舞蹈专业教学创新分析 [J]. 现代职业教育 ,2020(49):126-127.

[56] 徐瑜萍 . 高职专业课程“思政化”改革的探索与实践——以幼师《舞蹈》课程为例 [J]. 教育现代化 ,2019,6(81):61-62+113.

[57] 盛宁宁 , 周博伦 . 高校艺术体操课程思政建设的实施路径研究——以大连海洋大学初级艺术体操课程思政建设为例 [J]. 青少年体育 ,2022(7):32-34.

[58] 盛宁宁 . “课程思政”融入艺术体操课对留学生教育影响的研究 [J]. 辽宁体育科技 ,2020,42(6):116-118.

[59] 黄攀 . 课程思政理念下高校舞蹈专业课程资源建设 [J]. 财富时代 ,2020(11):54-55.

[60] 朱志平 , 周玲玉 , 杜超 . 课程思政视域下高校思政教育与艺术类通识课程的融合建构 [J]. 中国农业教育 ,2020,21(5):96-104.

[61] 葛晓妮 . 艺术思政新模式探索——以公益舞蹈抗疫为抓手 [J]. 中学政治教学参考 ,2020(33):67-68.

[62] 何小微 , 刘莎 , 唐庆如 . 民航院校课程思政建设经验研究——以中国民用航空飞行学院为例 [J]. 民航学报 ,2020,4(4):110-113.

[63] 贾志荣 , 程高军 . 课程思政语境下岭南文化英语的教材开发 [J]. 太原城市职业技术学院学报 ,2020(6):126-128.

[64] 张景晖 . 以“融、会、贯、通”为切入点，积极探索课程思政新模式——以“西方音乐史”课程教学为例 [J]. 山东教育（高教）,2020(6):37-38.

[65] 周达疆 . 新疆高校艺术类专业课程思政建设研究 [J]. 新疆艺术学院学报 ,2020,18(2):21-28.

[66] 鲁芬霞 .“思政”元素融入学前教育专业舞蹈课程的实践研究 [J]. 科技资讯 ,2020,18(14):183-184.

[67] 丁思文 . 课程思政视角下的高校舞蹈素质教育实践探索 [J]. 江苏经贸职业技术学院学报 ,2020(2):82-84.

[68] 马欣 .“课程思政”与艺术院校公共教育学课程教学改革探索 [J]. 新疆艺术学院学报 ,2019,17(4):107-110.

[69] 董杰 , 徐丛璐 . 课程思政下高职院校育人工作融入专业教学路径研究 [J]. 浙江纺织服装职业技术学院学报 ,2020,19(1):83-86.

[70] 徐瑜萍 . 高职专业课程“思政化”改革的探索与实践——以幼师《舞蹈》课程为例 [J]. 教育现代化 ,2019,6(81):61-62+113.

[71] 马健昕 . 关于课程思政融入“舞蹈鉴赏”美育课程的探讨 [J]. 教育观察 ,2019,8(28):16-17.

[72] 许志琳 , 林万雷 . 体育舞蹈“课程思政”资源开发研究 [J]. 当代体育科技 ,2019,9(19):140+142.